AF559074

SCORPIO

KERSTIN CHAVENT

Die Befreiung der inneren Kraft

SCORPIO

Dieses Buch enthält Links zu externen Webseiten Dritter, auf deren Inhalte der Scorpio Verlag keinen Einfluss hat. Deshalb können wir für diese fremden Inhalte auch keine Haftung übernehmen. Für die Inhalte der verlinkten Seiten ist stets der jeweilige Anbieter oder Betreiber der Seiten verantwortlich. Die verlinkten Seiten wurden zum Zeitpunkt der Verlinkung auf mögliche Rechtsverstöße überprüft, rechtswidrige Inhalte waren nicht erkennbar. Bei Bekanntwerden von Rechtsverletzungen werden wir derartige Links umgehend entfernen.

Der Umwelt zuliebe

- produzieren wir zu über 90 % in Deutschland
- achten wir auf kurze Transportwege
- drucken wir auf Papier aus nachhaltiger Waldwirtschaft und anderen kontrollierten Quellen

Umschlaggestaltung: wilhelm typo grafisch, CH-Zollikerberg
Umschlagabbildung: fran_kie/pp1/nonowon/Shutterstock.com
Layout & Satz: Margarita Maiseyeva
Druck und Bindung: CPI, Leck
ISBN 978-3-95803-577-5

Für die, die wagen

INHALT

AUFBRUCH

Ein Gott ist der Mensch, wenn er träumt,
ein Bettler, wenn er nachdenkt.
FRIEDRICH HÖLDERLIN

Eine Umfrage aus dem Jahr 2022 ergab, dass nicht nur ältere, sondern auch ein Großteil der jungen Menschen in die Vergangenheit zurückwollen.[1] Es gab mehr Zusammenhalt, mehr Sicherheit und Beständigkeit, weniger Kriege und Krisen, bessere Umweltbedingungen und weniger Angst vor der Zukunft. Heute fühlen sich viele Menschen vom Leben frustriert, erdrückt oder sogar bedroht. Die Hoffnung, dass nach Corona wieder alles gut wird, hat sich für viele aufgelöst. Die Zeit der Lockdowns, der Isolierung, der Einsamkeit und der Angst war wie eine Einstimmung auf Schlimmeres. Die Gefahr eines dritten Weltkrieges ist heute allgegenwärtig. Unter dem Damoklesschwert der nächsten Pandemie bestimmen eine zunehmende Gewaltbereitschaft, gigantische Umweltprobleme, drohende Versorgungsengpässe,

---

1 https://www.stiftungfuerzukunftsfragen.de/

materielle Not und eine fortschreitende Spaltung der Gesellschaft die neue Normalität.

Dennoch halten die meisten Menschen an dem Gedanken fest, dass alles doch noch irgendwie gut wird. Sind wir nicht insgesamt auf dem richtigen Weg? Der Staat ist wohlwollend, die Regierung vielleicht inkompetent, doch redlich bemüht. Die Wissenschaft ist seriös, die Pharmaindustrie gemeinwohlorientiert, die Technik menschengerecht und die zunehmende Digitalisierung des Lebens harmlos. Für die meisten ist der Gedanke abwegig, dass diejenigen, die sie gewählt haben, dass die Behörden und Institutionen, die in jedem unserer Lebensbereiche so peinlich genau auf unsere Sicherheit zu achten scheinen, vielleicht nicht im Sinne des allgemeinen Wohls handeln könnten.

Anderswo ist es schlimmer. In manchen Ländern riskiert man sein Leben, wenn man den Mund aufmacht. In China schrien die Menschen ihre Verzweiflung aus versiegelten Wohnboxen hinaus in die Nacht. Noch ist es bei uns nicht soweit. Auch wenn wir in den vergangenen Jahren bereits viele Freiheiten und Rechte eingebüßt haben: Noch leben wir nicht in 15-Minuten-Städten. Noch brauchen wir keine biometrisch-digitalen Codes, um am öffentlichen Leben teilnehmen zu können. Noch können wir mit Bargeld bezahlen. Noch haben wir Eigentum. Noch sind unsere Gehirne nicht an eine Cloud angeschlossen. Noch haben wir einen freien Willen. Noch können wir uns entscheiden, welchen Weg wir gehen.

Der Königsweg ist kein leichter Weg. Er ist keine Prachtstraße für einen gemütlichen Sonntagsspaziergang, kein bequemer Boulevard, auf dem die Prinzessin zum Ball schreitet. Der Königsweg ist ein holpriger Pfad, ein schmaler Grat, den wir alleine gehen müssen. Immer wieder stellt er uns auf die Probe: Verhält es sich wirklich so? Sind die Dinge tatsächlich so, wie sie uns überliefert wurden? Sind die Probleme die, die im Scheinwerferlicht der Öffentlichkeit stehen? Oder ist es in Wirklichkeit vielleicht ganz anders?

Vor uns liegt eine Heldenreise, ein echtes Abenteuer. Der Fragende ist bereit, sich das Menschen- und Weltbild anzuschauen, das zu der aktuellen Situation geführt hat. Sind wir auf dem richtigen Weg? Werden wir besser, wenn wir mit technischen Hilfsmitteln nachgerüstet werden? Wohin führt uns die Vorstellung, dass wir eine Art biologische Maschinen sind, an denen beliebig herumgeschraubt werden kann? Ist die Würde des Menschen noch unantastbar, wenn die Maschine uns immer mehr auf den Leib rückt und uns zunehmend zum Objekt macht? Was macht den Menschen zum Menschen? Was für eine Welt sind wir dabei zu erschaffen?

Für mich begann das Abenteuer, als ich mich aus der familiären Grund- und Bodenmentalität löste, in letzter Minute einen Beamtenvertrag nicht unterschrieb und mich auf ein selbstbestimmtes Leben in Frankreich einließ. Ich kenne die Unsicherheit und ich kenne die Angst, es nicht zu schaffen. Ich weiß, wie es sich anfühlt, alleine zu sein und die Konsequenzen für die eigenen Entscheidungen zu tragen.

Als ich im Jahr 2012 an Krebs erkrankte, wusste ich, dass ich mich auf mich verlassen konnte. Was ich nicht wusste, war, wie verdreht die Welt ist, in der ich lebe. Bis zu meiner Erkrankung vertraute ich der Medizin. Ich wähnte mich in einem Rechtsstaat, wählte grün und glaubte das, was in den Geschichtsbüchern steht und über die großen Medien verbreitet wird. Die Wucht der Behandlung jedoch machte mich stutzig: Sind Krebszellen wirklich bösartige Monster? Wie können Körperzellen böse sein? Kann ein aggressives, lebensbedrohliches Protokoll dauerhaft zur Heilung führen? Sind die Feinde wirklich da, wo uns gesagt wird? Gibt es überhaupt Feinde? Oder gibt es vor allem Unternehmen, die Feindbilder brauchen?

Beruflich befasse ich mich mit Kommunikation. Anstatt zu kämpfen, kam ich mit meinem Körper ins Gespräch und begann, fundamental den Umgang mit mir selbst zu verändern.[2] Als 2020 der Coronazug vorbeikam, hatte ich mich gerade intensiv mit Mikroorganismen beschäftigt und zweifelte an der Angreifertheorie. Nicht die Mikrobe, sondern das Terrain ist der

---

2 Kerstin Chavent: *Die Waffen niederlegen: Die Botschaft der Krebszellen verstehen,* Scorpio Verlag 2019.

eigentliche Grund für Infektionen und Krankheiten.[3] Was krank macht, sind vor allem Stress, Angst, Misstrauen, Isolation und Bewegungsmangel, also genau das, was während der Coronazeit verordnet wurde. So war für mich offensichtlich, dass etwas Grundsätzliches nicht stimmt. Etwas läuft fundamental schief.

Diejenigen, die wir als unsere Vertreter gewählt haben, entscheiden zunehmend über unsere Köpfe hinweg. Unser Leben ist eine Mischung aus Kontrolle, Konsum, Wachstumsdrang, Geltungsbedürfnis, Dauerreichbarkeit, Vereinsamung, Abgestumpftheit und Sinnlosigkeit. Viele Menschen geben die Verantwortung für ihr Leben an übergeordnete Instanzen ab und ergeben sich der Technologie, der künstlichen Intelligenz und der synthetischen Biologie. Der sich anbahnenden Mischung aus Stakeholder-Kapitalismus und Global Governance stehen die meisten gleichgültig gegenüber. Sie sehen die Gefahr nicht, die von der zunehmenden Überwachung ausgeht.

Sich in diesem Dschungel zurechtzufinden ist nicht einfach. Hier braucht es Menschen, die sich darauf einlassen, nicht zu wissen, wohin der Weg sie führt, der sich ihnen unter die Füße schiebt. Es braucht Menschen mit Pioniergeist, die sich durch das Dickicht schlagen und sich auch abseits der vorgegebenen

---

3 Kerstin Chavent: *In guter Gesellschaft. Wie Mikroben unser Überleben sichern*, Scorpio Verlag 2020.

Pfade bewegen, Menschen mit Neugierde, die sich nicht mit dem Augenscheinlichen zufriedengeben. Wer so unterwegs ist, muss darauf achten, die Mitte nicht aus den Augen zu verlieren: Wie kann es gelingen, die Gefahren aufzuzeigen und gleichzeitig Mut zu machen, die Probleme zu lösen? Wie können die bedrohlichen Kräfte benannt werden und gleichzeitig das Feindbilddenken überwunden? Wie können die Schuldigen zur Rechenschaft gezogen werden, ohne dass wir in die Opferrolle gleiten? Wie finden wir aus dem Protest ins Handeln? Wie verbinden wir uns mit etwas Höherem, ohne auf den Retter zu warten? Kurzum: Wie finden wir in unsere Kraft, um eine Welt zu gestalten, wie wir sie uns wünschen?

Der Königsweg ist ein Weg durch das Chaos hindurch. Er ist eine Einladung, sich die aktuellen Ereignisse im Zusammenhängenden anzusehen. Er wird Gefühle wecken. Wir werden an Grenzen stoßen, die es zu überwinden gilt. Wer hierzu bereit ist, wer offen dafür ist, sich berühren zu lassen, der wird reich belohnt werden. Auf die Ent-Täuschung folgt die Erkenntnis, die tief in uns verborgen ist: Wir sind Schöpferwesen. In uns verbirgt sich ein Funke, der nur darauf wartet, neu entfacht zu werden, eine Macht, die uns im Laufe der Zeit abhandengekommen ist.

Das haben wir der transhumanistischen Ideologie entgegenzusetzen: unsere Schöpferkraft. Es ist uns gelungen, aus dem Paradies eine Hölle zu machen. Jetzt können wir unsere Kreativität dafür einsetzen, aus der Hölle wieder ein Paradies zu machen. Hierzu müssen wir uns daran erinnern, was einmal war. Wir müssen in gewisser Weise wieder zurück. Was hat uns von der Natur entfernt, vom Lebendigen, vom Ursprünglichen? Welche Narrative haben dazu geführt, dass wir dazu bereit sind, unseren Mutterplaneten zu zerstören und uns heute praktisch selbst abzuschaffen? Was hat die lebenswichtigen Verbindungen aufgelöst?

Vieles wird der Held auf seiner Reise entdecken. Alten Geschichten wird er begegnen, Räubern und Hexen, Magiern und Geistlichen, Herrschenden und Unterdrückten. Das dunkelste Kapitel der deutschen Geschichte wird er streifen, die Scham und die Schuld, die ihn lähmten und ihm die Wurzeln nahmen. Bis in die Steinzeit wird er zurückgehen und Zeiten entdecken, in denen nicht Kriege, sondern das Nährende und Schützende im Zentrum des Lebens standen. Vor allem aber wird er immer wieder mit sich selber konfrontiert werden und der Frage, die die Menschen seit vielen Jahrtausenden beschäftigt: Wer bin ich und was mache ich hier?

Auf nun! Mögen die Informationen dem Reisenden dienlich sein, das Chaos dieser Zeit unversehrt zu durchqueren. Möge er Mut fassen und von Zuversicht begleitet sein. Möge die Reise unter einem guten Stern stehen und ihn heil dorthin bringen, wo er voll und ganz Mensch sein kann.

AUF DEM HOLZWEG

Der erste Schritt zur Vernichtung eines Volkes
ist die Auslöschung seines Gedächtnisses.
Vernichten Sie seine Bücher, seine Kultur, seine Geschichte.
Dann lassen Sie jemanden neue Bücher schreiben,
eine neue Kultur herstellen, eine neue Geschichte erfinden.
Bald wird die Nation zu vergessen beginnen,
was sie ist und was sie war.

Milan Kundera

Und sie lebten glücklich bis an ihr Ende. Das ist die Geschichte, die wir als Kinder am liebsten hören und als Erwachsene vergessen. Doch unser Leben bleibt von der Suche nach dem Glück bestimmt. Sie hat in unserer Zivilisation eine lange Tradition. Für Aristoteles war das Glück daran gebunden, das zu finden, was uns besonders gut liegt. Es brauchte ein glückliches Händchen, einen guten *Daimon,* um sich seinen Möglichkeiten entsprechend zu entfalten. Friedrich Nietzsche glaubte, dass das Glück von Bedingungen abhängig ist und nur von kurzer Dauer sein kann, und für Fjodor Michailowitsch Dostojewski ist das Glück gänzlich unerreichbar. Nichts, so lautet eine Volksweisheit, ist schwerer zu ertragen als eine Reihe von guten Tagen. Denn was täten wir mit unserem Glück? Könnten wir etwas mit ihm anfangen? Würde es uns nicht langweilig werden? Was wäre uninteressanter als ein nie endender Sonntagsspaziergang?

Ist also das Menschsein an eine Kondition gebunden, die ein glückliches, friedliches Leben unmöglich macht? Oder haben wir etwas falsch verstanden?

Unterwegs

Wir sind im Krieg. In vielen Ländern der Erde wird gekämpft.[4] Überall auf der Welt gehen die Menschen auf die Straße und protestieren: Nicht mein Krieg! Ich mache hier nicht mit! Sie setzen ein wichtiges Zeichen. Sie zeigen Präsenz. Aufklärung und Protest allein reichen jedoch nicht. Wenn wir hier stehen bleiben, verhärten sich die Fronten. Dauerhafter Friede ist nur möglich, wenn wir als Menschheitsfamilie zusammenfinden. Der Krebs, der unsere Gesellschaft zersetzt, kann erst dann beginnen zu heilen, wenn das Abgespaltene zurückgeholt und wieder integriert wird. Wir können enthüllen, anklagen und die Verantwortlichen zur Rechenschaft ziehen – wirklich verändern tut sich dadurch nichts. Wären wir sonst heute in einer Situation, in der alles explodiert? Mag es guttun, Luft abzulassen. Mag das Ego zufrieden sein, sich auf der richtigen Seite zu wähnen. Doch in unsere Kraft finden wir nicht, wenn wir uns

4 https://www.friedensbildung-bw.de/aktuelle-konflikte

erhoffen, dass die Gegenseite ein Einsehen hat und ihr Verhalten ändert.

Der Königsweg bietet uns an, uns nicht weiter zu beschweren und uns leicht zu machen. Hierzu müssen wir bei uns selbst ansetzen. Im Außen, das haben wir in den vergangenen Jahren zu Genüge erfahren, können wir nichts erreichen. Hier sind wir ohnmächtig. Je mehr wir gegen etwas ankämpfen, desto größer wird das Problem. Wir füttern es förmlich mit unserer Aufmerksamkeit. Immer mehr schieben wir nach. Immer dunkler wird es um uns herum. Immer mehr wird uns unsere Lebensenergie abgesogen.

Tiere haben angesichts einer Gefahr drei Möglichkeiten: angreifen, fliehen, tot stellen. Alle drei bringen uns nicht weiter. Krieg führt zu immer mehr Krieg, und Flucht ist nicht möglich. Wohin wollten wir gehen? Tot stellen geht auch nicht. Wer jetzt noch so tut, als gäbe es kein Problem, der riskiert, alles zu verlieren, einschließlich seiner Menschlichkeit. Ist die Lage also aussichtslos? Oder gibt es eine Lösung wie in dem Rätsel von dem Wolf, der Ziege und dem Kohlkopf, die ein Schiffer heil in einem Boot über den Fluss bringen soll, in dem nur für zwei Platz ist?

Es braucht etwas anderes als das, was Tieren zur Verfügung steht. Was also ist grundlegend anders? Was können Menschen, was Tiere nicht können? Menschen können ihren Standpunkt wählen. Sie können bewusste Entscheidungen treffen. Auch wenn versucht wird, ihn uns auszureden: Menschen haben einen freien Willen. So stehen wir angesichts der kriegerischen Lage nicht ohnmächtig da. Wir sind nicht davon abhängig, dass sich erst eine Situation verändern muss, damit wir uns verändern. Wir können aus einem eigenen inneren Impuls heraus in Aktion treten. Tiere kann man einsperren, maskieren, chippen, umprogrammieren und in Biocomputer verwandeln. Menschen im Bewusstsein ihrer eigenen Fähigkeiten nicht.

Um das zu realisieren, wird es notwendig sein, den Fluss mehr als einmal zu überqueren. Damit der Wolf die Ziege nicht frisst und die Ziege nicht den Kohlkopf, muss sich der Schiffer etwas einfallen lassen. Er muss nicht nur einen Auftrag erfüllen, sondern zum Kapitän werden. Hierzu braucht er keine schmucke Uniform, sondern vor allem Vertrauen in die eigenen Möglichkeiten. Dieses Vertrauen können wir nicht entwickeln, wenn wir glauben, arme Sünder zu sein, das Endprodukt einer Affenevolution, ein mehr oder weniger sinnloses Rädchen im Getriebe, dem es ganz recht geschieht, wenn es wieder von der Erdoberfläche verschwindet. Das negative Selbstbild, das sich über Jahrtausende aufgebaut hat, verhindert, dass wir das Steuer in die Hand nehmen. Wir nehmen es als gegeben hin, von Autoritäten abhängig zu sein, die vorgeben, was wir zu tun haben. An unserer statt treffen andere Entscheidungen, die unser eigenes Leben betreffen.

Wie schlecht das Bild ist, das wir von uns selber haben, erkennen wir auch daran, dass wir in so gut wie allen Lebensbereichen die Verantwortung an Experten abgegeben haben. Während sie uns durch unser Leben schippern, bedienen wir uns am Büfett, lassen uns unterhalten und zücken die Kreditkarte. Hauptsache, der Kapitän sieht flott aus und das Programm stimmt. Viele von uns sind als Touristen unterwegs. Als Konsumenten von Dienstleistungen lassen sie sich nicht wirklich berühren von dem, was ihnen geboten wird.

Reisende hingegen suchen die Verbindung und wollen wirklich etwas entdecken. Anders als der Tourist will der Reisende nicht die Show. Er schaut nicht dorthin, wo man es ihm sagt, sondern interessiert sich für das Echte, Authentische, Verborgene. Er versucht nicht, Karten für ein Captain's Dinner zu ergattern, sondern wird Kapitän vom eigenen Lebensschiff. Nicht seine Uniform bestimmt darüber, in welche Richtung es geht, sondern das Bild, das er von sich selber hat. Wie sieht er sich? Was denkt er über sich? Würde er sich am liebsten auf hoher See aussetzen oder findet er ganz in Ordnung, was er im Spiegel sieht? Was hält er von seinen Mitmenschen und vom Menschen überhaupt? Was hat er zu teilen? Was hat er der Gemeinschaft zu geben, in der er lebt?

Daran, wie wir zusammenleben, wird ersichtlich, welches Menschenbild unsere Köpfe beherrscht. Halten wir uns dafür in der Lage, über uns selbst zu bestimmen und Verantwortung für unser Leben, unsere Gesundheit und unseren Körper zu übernehmen, oder lassen wir andere darüber bestimmen? Vertrauen wir uns selbst oder dem, was andere uns sagen? Welche Bedeutung haben Würde und Freiheit für uns? Geben wir uns damit zufrieden, unsere Stimme alle paar Jahre in eine Urne zu versenken, oder nehmen wir wirklich teil an den Entscheidungen, die uns alle betreffen? Erkennen wir, dass es dem Einzelnen immer nur so gut gehen kann wie dem Gesamten, oder lassen wir es zu, dass das Individuum gegen das Kollektiv ausgespielt wird?

System im Kopf

Wir leben in einer Demokratie. In einem politischen Prinzip, nach dem das Volk durch freie Wahlen an der Machtausübung im Staat teilhat, gehen die Wählenden davon aus, dass sie der Souverän sind. Die Herrschenden, etymologisch zurückzuführen auf eine Herrenmacht, auf Dienstherrschaft, haben die Aufgabe, in unserem Sinne zu wirken. Wozu hätten wir sie sonst gewählt? Die Mehrheit fungiert als Garant dafür, dass im Interesse des allgemeinen Wohls entschieden wird. Auch wenn Vater Staat einmal etwas härter durchgreifen muss, so ist es doch zu unserem Besten. Damit beweist der Staat Stärke, die uns ein Gefühl von Schutz vermittelt. So bedeuten mehr Kontrolle und mehr Überwachung für viele Menschen mehr Bequemlichkeit, mehr Lebensqualität, vor allem aber mehr Sicherheit.

Während der Coronazeit wurde deutlich, dass es heute weniger die Politiker der einzelnen Staaten sind, die die Entscheidungen treffen, sondern globale Institutionen wie die Weltgesundheitsorganisation. Zu einem großen Teil werden diese globalen Institutionen von globalen Unternehmen finanziert, denen, das liegt in der Natur der Sache, vor allem am eigenen Gewinn gelegen ist. Das Vermögen dieser Global Player übersteigt heute oftmals das Bruttoinlandsprodukt ganzer Staaten. Der grenzenlose Reichtum privater Unternehmen macht es möglich, an den demokratischen Einrichtungen quasi vorbei zu regieren. Die Politik ist zunehmend nur noch Sprachrohr unternehmerischer Interessen. Förderer des Stakeholder-Kapitalismus ist das Weltwirtschaftsforum. Es vereint die vermögendsten Unternehmen der Welt unter einem Dach. Ihr Vorsitzender Klaus Schwab setzt sich unermüdlich dafür ein, die Welt nach den Vorstellungen von Big Money, Big Pharma, Big Tech, Big Energy und Big Food zu gestalten.[5]

Menschen in strategisch wichtigen Positionen wie Angela Merkel, Tony Blair, Emmanuel Macron, Annalena Baerbock, Sebastian Kurz, Justin Trudeau oder Sandra Maischberger wur-

---

5 Klaus Schwab: *Covid-19: Der große Umbruch*, Forum Publishing 2020, *Das große Narrativ: Für eine bessere Zukunft*, Forum Publishing 2022.

den in der von ihm gegründeten Lobbyorganisation der *Young Global Leaders* entsprechend ausgebildet.[6] Obwohl das Weltwirtschaftsforum dafür kritisiert wird, dass die Entscheidungsprozesse undemokratisch ablaufen, es an finanzieller Transparenz mangelt und kritische Medien nicht akkreditiert sind, bestimmen dank dieses Zusammenschlusses die großen Unternehmen, unterstützt von Politikern, Journalisten, Künstlern, Wissenschaftlern und denen, die gerade in sind, wo es für uns alle langgeht.

Die Macht, die der Einzelne abgibt, bündelt sich in den Absprachegesellschaften der Hochfinanz, in globalen Unternehmensberatungsfirmen und in privaten Clubs und Logen. In den Denkfabriken des Social Engeneering wie Club of Rome, Tavistok Institute, Council on Foreign Relations, Tritaterale Kommission oder Bilderberger wird im Sinne des Kapitals entschieden.[7] Es ist eine Tatsache: Die Pläne zum Werdegang unserer Welt werden hinter verschlossenen Türen geschmiedet. Durch diese Türen kommt der Normalbürger nicht einmal im Traum. Der Eintritt wird jedem verwehrt, der sich nur einmal umschauen will.

So ist das System, das entstehen konnte, nur noch dem An-

---

6 Miryam Muhm: *Die Krake von Davos. Angriff des WEF auf die Demokratie*, Europa Verlag 2023.

7 Ernst Wolff: *World Economic Forum: Die Weltmacht im Hintergrund*, Klarsicht Verlag 2022.

schein nach demokratisch. An der Spitze steht eine selbsternannte Elite, die über die Geschicke der gesamten Welt bestimmt. Während die Unteren sich noch einbilden, sich frei bewegen zu können, laufen alle Fäden oben zusammen. Es gibt einen Begriff für die Bündelung aller Macht unter einem Dach: Faschismus. Ab den 1920er-Jahren wurde er für alle ultranationalistischen, nach dem Führerprinzip organisierten antiliberalen und antimarxistischen Bewegungen, Ideologien oder Herrschaftssysteme verwendet, die nach dem Ersten Weltkrieg die parlamentarischen Demokratien abzulösen suchten.[8] Doch wer heute faschistische Tendenzen zu erkennen meint, bekommt es mit der Antifa zu tun.

Totalitarismus nennt der belgische Professor für klinische Psychologie Mattias Desmet die Phänomene, die heute Tendenzen den Boden bereitet, die zu einer globalen Kontrolle und Überwachung führen. Eine durch den Mangel an sozialen Bindungen, Einsamkeit, Sinnlosigkeit, Unzufriedenheit, Frustration, Ängste und Aggressionen verunsicherte Masse wird von Regierungsvertretern und Massenmedien so kanalisiert, dass sich der Einfluss des Staates auf das Privatleben immer mehr ausweiten kann.[9] Im sogenannten invertierten Totalitarismus ist die Füh-

---

8 https://de.wikipedia.org/wiki/Faschismus

9 Mattias Desmet: *Die Psychologie des Totalitarismus,* Europa Verlag 2023.

rerfigur eines Systems nicht sein Architekt, sondern vielmehr sein Produkt. Beiden totalitären Systemen gemein ist eine schwache Legislative, ein die Regierung unterstützendes Rechtssystem, ein Parteiensystem, das die Reichen und die Großunternehmen begünstigt, die Armen in Hilflosigkeit und Verzweiflung zurücklässt und die Mittelklasse zwischen Abstiegsangst und Aufstiegsversprechen gefügig hält. Beide verfügen über den Staat hofierende Medien, eine Propagandamaschine aus Thinktanks und Stiftungen und eine Kooperation der Polizei und der Rechtsbehörden bei der Feststellung terroristischer Umtriebe. Im Gegensatz zum klassischen Totalitarismus hat der umgekehrte Totalitarismus jedoch Schulen, Universitäten und Forschungsinstitute nicht nachträglich in seinen Dienst gestellt, sondern sich von vorneherein eine eigene loyale Intelligenzija kultiviert. Durch eine Kombination von staatlichen Aufträgen, Unternehmens- und Stiftungsgeldern, hohen Gehältern und Vergünstigungen werden Wissenschaftler und Forscher nahtlos in das System integriert.[10]

Voraussetzung für jede Art von Totalitarismus ist die Zustimmung der Bevölkerung. Damit ist die Demokratie der ideale Boden für totalitäre Systeme. Ohne eine breite Masse, die sie stützt, kann sich keine Elite lange Zeit halten. Herrschaft ist nur möglich, wenn Menschen bereit sind, sich beherrschen zu las-

---

10 https://de.wikipedia.org/wiki/Invertierter_Totalitarismus

sen. Diese Erkenntnis ist so erschreckend wie befreiend. Denn sie macht deutlich, wo sich die eigentliche Macht befindet. Es sind im Grunde genommen nicht die Herrschenden, die entscheiden, diejenigen, die sich an der Spitze der Pyramide befinden, sondern jeder Einzelne von uns und wir alle zusammen.

Mit diesem Verständnis beginnt der Königsweg. Er fordert uns auf, uns damit auseinanderzusetzen, was uns dazu gebracht hat, uns von globalen Giganten wie Google, Microsoft, Apple, Amazon, Nestlé, Exxon Mobil oder General Motors steuern zu lassen. Was macht uns zunehmend gleichgültig der Freiheit gegenüber, der Würde, der Größe und Stärke in uns? Vor allem aber: Wie kommen wir aus dieser Nummer wieder heraus? Wie überwinden wir die Angst, die uns während der Coronazeit dazu gebracht hat, uns in den eigenen vier Wänden einsperren zu lassen? Wie können wir es verhindern, zu tun, was man uns sagt, nur weil es von einer sogenannten Autorität kommt? *Bitte, machen Sie weiter. Das Experiment darf nicht unterbrochen werden. Es gibt keine Alternative. Sie haben keine andere Wahl.*

Nicht alle folgten den Anweisungen von oben. Etwa zwanzig Prozent der deutschen Bevölkerung haben sich trotz massiven Drucks nicht impfen lassen.[11] Auch in dem 1961 durchgeführten Milgram-Experiment gab es Menschen, die nicht bis zum

---

11 https://impfdashboard.de/

Letzten gingen und die tödlichen Stromschläge verabreichten, nur weil man es ihnen sagte. Sie haben das Experiment abgebrochen, weil sie verstanden haben, dass sie die Wahl haben. Sie sind aufgestanden und gegangen.

Zeit für Helden

Besondere Zeiten – so ein Slogan der Bundesregierung aus dem Jahr 2020, der die Menschen dazu bewegen sollte, zu Hause zu bleiben – brauchen besondere Helden. Als Held galt der, der nichts tat und sich die Zeit mit Chicken Wings und Netflix-Serien vertrieb. Mehr als 2000 Jahre früher, genauer gesagt 50 vor Christus, war ganz Gallien von den Römern besetzt. Ganz Gallien? Nein! Ein von unbeugsamen Galliern bevölkertes Dorf hörte nicht auf, dem Eindringling Widerstand zu leisten … Wie sich die Zeiten geändert haben, seit Goscinny und Uderzo ihre weltbekannten Helden erfunden haben! Kein cleverer Asterix gilt heute mehr als Vorbild, kein bärenstarker Obelix. Auch die magischen Zaubertränke des weisen Miraculix sind in Vergessenheit geraten. Heute gibt es Impfstoffe. Gemein ist beiden, dass keiner weiß, was wirklich drin ist.

Besondere Zeiten brauchen besondere Helden. Heute steht kein Herkules in den ersten Reihen, kein Bruce Willis, niemand, der im Alleingang die Welt rettet. Kein Luke Skywalker tritt gegen die Kräfte des Bösen an, kein Superman, kein James Bond befreit uns von einem machthungrigen Verbrecher, der nach dem gesamten Universum greift. Doch Helden, die gibt es noch! Überall gibt es Menschen, denen man das Heldensein nicht unbedingt ansieht. Nicht durch ihre Körpergröße beeindrucken sie, durch Muskelkraft oder ein großes Mundwerk. Sie schwingen sich nicht gigantischen Flugtieren gleich durch die Lüfte oder halten sich im schärfsten Galopp noch im Sattel. Sie tragen keine Waffen und sie gehen zu Fuß. Ihre Macht sind ihre Präsenz, der gegenseitige Respekt und die stille Meditation.

Viele Menschen haben sich durch die Ereignisse der vergangenen Jahre aufrütteln lassen. Viele sind aufgestanden. Sie sind dorthin gegangen, wo ihnen kalter Wind entgegenschlug. Sie haben es riskiert, aus den eigenen Familien ausgeschlossen zu werden, verleugnet von ihren Freunden, gemieden in ihrer Nachbarschaft. Sie haben ihre Arbeit verloren, ihre Existenzgrundlage, ihre Sicherheit. Sie wurden beleidigt, beschimpft, diskreditiert, diffamiert, bedroht. Ihr Vergehen bestand darin, die Verantwortung für ihre Gesundheit nicht dem Staat übergeben zu wollen.

Sie haben die Chance genutzt. Sie haben sich nicht kleinmachen lassen von dem, was gegen sie gerichtet wurde, sondern haben es angenommen, um sich aus einer für sie untragbaren Situation zu befreien. Die Isolation haben sie genutzt, um an die grundsätzlichen Fragen des Lebens heranzutreten, die Angriffe und Einschränkungen haben sie in neue Möglichkeiten verwandelt. Aus Zwängen haben sie Freiheiten geschaffen, aus einsamen Gefängnissen gemeinsame Gärten gemacht. Ihren tiefsten Ängsten sind sie nicht ausgewichen, sondern haben sich ihnen gestellt. Sie haben sich nicht entmutigen lassen von ihrem Ausgestoßensein, von der Feindseligkeit und Gleichgültigkeit, die ihnen entgegengebracht wurden. Die Beleidigungen haben sie ertragen, die Verdrehungen und Lügen, die über sie erzählt wurden. Sie haben gezweifelt und sich gefragt, ob die Welt verrückt geworden ist oder sie. Sie haben hingeschaut, wo sie am liebsten die Flucht ergriffen hätten. In ihre eigenen Schatten sind sie getreten und haben Licht in das innere Dunkel gebracht.

Sie sind zu Künstlern geworden, Lebenskünstlern. Nicht mit stolzgeschwellter Brust steigen sie das Siegertreppchen empor. Keine Medaille ziert sie, keine Hymne wird für sie abgespielt. Kein Ruhm ist ihr Lohn, sondern das tiefe innere Wohlsein, bei sich selbst geblieben zu sein, als es darauf ankam. Sie sind intakt geblieben, sich selbst treu. Ihren Körper haben sie nicht der Technik überschrieben und ihre Seele nicht verkauft. Sie haben sich nicht anstecken lassen von Angst und Hass und sich keinen Bären aufbinden lassen, den sie mit sich herumschleppen. Die neuen Helden haben sich leicht gemacht, biegsam und flexibel. Sie haben in die Arme genommen, wo andere den Handschlag verweigerten, und anstatt sich die Köpfe verdrehen zu lassen, haben sie ihre Herzen geöffnet.

Im Märchen sind sie die wahren Helden. Es sind die mit dem Herz am rechten Fleck, die letztlich den Schatz finden. Denn sie wissen, dass Mut auch Demut braucht, Zuversicht auch Hingabe, Stärke auch Verletzlichkeit. Doch anders als im Märchen endet ihre Geschichte hier nicht. Jetzt geht es erst richtig los. Was haben wir dem entgegenzusetzen, was sich anbahnt? Wie begegnen wir einem auf Profit und Wachstum ausgerichteten System, der zunehmenden Technisierung und Digitalisierung und dem posthumanen Gedanken, dass der Mensch den Gipfel der Evolution erreicht hat und sein Schicksal nun nur noch in die Hände der künstlichen, computergestützten Intelligenz übergeben kann? Was machen wir mit der fixen Idee, dass Unterdrückung, Ausbeutung und Kriege normal sind und dass man daran nichts ändern kann? Was machen wir mit dem Gedankengift in unseren Köpfen, das uns in eine Selbstverneinung getrieben hat, die so weit geht, dass wir glauben, auf diesem Planeten überflüssig zu sein?

Es wird darum gehen, den Faden aufzuwickeln und sich von ihm durch das Labyrinth führen zu lassen. Wo haben die Gedanken ihren Ursprung, die durch die industrielle Revolution angestoßen und im darauffolgenden Jahrhundert mit zwei Weltkriegen, Zerfall, Chaos und kollektivem Sinnverlust angelegt wurden: Das Lebendige ist eine Ressource, alles ist Zufall und der Kosmos ein schwarzes Loch? Auf welchem Fundament fußen die Vorstellungen für die Existenz eines kalten und lebensfeindlichen Universums, in dem nichts einen tieferen Sinn hat? War es schon immer so? Oder gibt es ein Vorher, eine Zeit, in der alles anders war, einen Ort, an dem ein friedliches und glückliches Leben möglich ist?

GEGEN DIE WAND

Das eigentliche Ziel totalitärer Ideologie
ist nicht die Umformung der äußeren Bedingungen
menschlicher Existenz und nicht die revolutionäre Neuordnung
der gesellschaftlichen Ordnung, sondern die Transformation
der menschlichen Natur selbst, die, so wie sie ist,
sich dauernd dem totalitären Prozess entgegenstellt. …
Was in der totalen Herrschaft auf dem Spiele steht,
ist wirklich das Wesen des Menschen.

Hannah Arendt

Am Erfolg von Helden wie Frodo Beutlin und Harry Potter sehen wir, wie sehr wir uns heute danach sehnen, in unserer Existenz mehr als nur unsere materiellen Bedürfnisse auszuleben. Mit ihnen geht es mitten hinein in das Abenteuer. Äste schlagen uns entgegen, Schlingpflanzen behindern das Vorankommen. Der Boden unter den Füßen ist rutschig und ein Weg nicht zu erkennen. Das, was vor uns liegt, mag wahrhaftig den zwölf Aufgaben eines Herkules gleichkommen. Doch anstatt Löwen, Eber, Stiere und Hirschkühe zu bezwingen, geht es hier um das System im Kopf. Warum halten wir an Dingen fest, von denen wir wissen, dass sie uns Schaden zufügen, und warum versuchen wir, diejenigen mundtot zu machen, die uns darauf aufmerksam machen?

Am seidenen Faden

Dank der modernen Medizin, so glauben die meisten Menschen, geht es uns heute besser. Leben wir nicht länger? Sterben wir nicht weniger an Infektionskrankheiten? Ist das Leben nicht sicherer geworden, bequemer, angenehmer? Wirklich? Wir haben es heute mit Krankheiten zu tun, die es bis vor Kurzem nicht gab und die unsere Medizin nicht heilen, nur behandeln kann. Wir haben uns auf eine Art Notfallmedizin spezialisiert, die das Kabel durchtrennt, wenn das rote Lämpchen aufleuchtet. Das Problem wird dabei nicht gelöst. Die teils lebenslange Abhängigkeit von schädigenden Medikamenten, die aggressive Behandlung von Krankheiten wie Krebs und das Verabreichen ungenügend getesteter sogenannter Impfstoffe verwandeln unsere Körper regelrecht in Forschungslabore und Schlachtfelder. Die Kollateralschäden sind dabei egal. Wenn es brennt, fragt keiner, wer der Chef der Feuerwehr ist. Die Löschenden tun ihr Bestes, und die Betroffenen können nur dankbar annehmen, was ihnen geboten wird.

Motor dieser Entwicklung ist die Angst: Angst vor bösartigen Killerzellen, Angst vor die gesamte Menschheit bedrohenden Viren, Angst vor etwas, was wir nicht sehen können. Während Körperzellen noch mikroskopisch sichtbar sind, sind uns Viren nur als stachelige Computersimulationen bekannt. Es gibt keine Fotografien. Wenn bei Krebs jedes banale Kratzen im Hals auf eine potenziell tödliche Krankheit hindeuten kann, ist es bei Corona gerade kein Kratzen im Hals. In den vergangenen Jahren wurde etwas geschaffen, was es bisher nicht gab: die asymptomatische Krankheit. Wir fühlen uns kerngesund und sind es nicht, eben weil wir uns kerngesund fühlen. Damit wurde dem Symptom jeglicher Sinn entzogen. Es hat nichts mehr zu sagen. Es ist der Höhepunkt einer Entwicklung, in der die Sprache des Lebens – *bio logos* – bedeutungslos geworden ist. So hat auch der Patient nichts mehr zu sagen. Ihm bleibt, den Anweisungen der medial in Szene gesetzten Experten Folge zu leisten.

Diese Situation ist nicht vom Himmel gefallen, sondern hat sich über Jahrhunderte entwickelt. Forscher, die das Lebendige, Zusammenhängende, Zyklische in den Mittelpunkt ihrer Untersuchungen stellen, werden seit Langem vernachlässigt. Unsere Welt wird mechanistisch in ihre Einzelteile zerlegt. Nicht mehr das wahrnehmende Subjekt ist Ausgangspunkt der Entdeckung, sondern das zu erforschende Objekt. Immer mehr wurde das, was wir in den Laboren auseinandernehmen, zu einem seelenlosen Ding. Schließlich verloren wir den Bezug zur Natur, die uns abwechselnd als gleichgültig, suspekt oder gefährlich erschien.

Die Wissenschaft hatte vor allem eines zum Ziel: sich das Wilde und Unberechenbare zu unterwerfen. Nicht nur auf Bären und Wölfe wurde Jagd gemacht. Mit Louis Pasteur und Robert Koch gerieten auch die kleinsten Lebewesen des Planeten ins Visier der Jäger. Mit Charles Darwin wurde die Begründung geliefert, dass das Leben ein Kampf ist, in dem nur der Stärkere gewinnen kann. Nicht das Miteinander, sondern das Gegeneinander gilt seitdem als der Motor der Evolution. Jeweils die Forschungsergebnisse wurden hervorgehoben, die maximale Kontrolle und maximalen Profit ermöglichten. In den Hintergrund gedrängt wurden Forscher wie Blaise Pascal, für den die Welt noch eine Seele hatte, oder Antoine Béchamp, ein Gegenspieler Pasteurs, der nicht die Mikroben als Auslöser von Infektionskrankheiten sah, sondern das Terrain, auf dem sie sich entwickelten. Auch die Erkenntnis von Jean-Baptiste de Lamarck, dass sich Arten dadurch verändern, indem sie erworbenes Wissen an die Nachfahren weitergeben, erhielt keine weitere Beachtung.

So wurde die Welt förmlich auf Krawall gebürstet. Überall lauern Gefahren, die bekämpft werden müssen. Am meisten hiervon profitieren diejenigen, die die Waffen liefern. Es sind die Gewinner, die Geschichte schreiben. Die Verlierer haben nichts zu sagen. So erinnern unsere Geschichtsbücher vor allem an die Skrupellosesten und Blutrünstigsten, an die Invasoren und Unterdrücker. Diejenigen, die in Frieden leben wollen, interessieren nicht. Erst muss der Krieg gewonnen werden. Dann kann vielleicht über Frieden geredet werden. So wird es bis heute gehalten. Denn Frieden schadet dem Geschäft. Auch in der Medizin hat sich diese Haltung durchgesetzt. Heilpraktiker, Homöopathen, Pflanzenkundige, energetisch Heilende und alle diejenigen, die der Pharmaindustrie nicht dienlich sind, werden systematisch bekämpft. Das Wissen über die Selbstheilungskräfte des Körpers und die natürliche Immunität wird uns regelrecht ausgeredet. Damit sind die Voraussetzungen dafür geschaffen, die gesamte Weltbevölkerung an die Nadel zu hängen.

Den Reisenden fröstelt es. Unsere industrielle und profitorientierte Medizin orientiert sich als Negativauslese vorangegangener Kriege am Toten und wirkt so gut wie ausschließlich palliativ. Spezialisten behandeln unsere Körper wie defekte Maschinen. Das System ist darauf ausgerichtet, Erkrankungen so früh wie möglich zu erkennen, um sie so lange wie möglich gewinnbringend zu behandeln. Damit dieses Geschäftsmodell funktioniert, zahlt die Allgemeinheit horrende Krankenkassenbeiträge. Wer erkrankt, der nimmt nur allzu gerne alles in Anspruch, was ihm geboten wird.

So hält sich das System am Laufen. Den Medizinern wird eine lange, anstrengende und entbehrungsreiche Ausbildung aufgezwungen. Tag und Nacht schuften sie, um Menschenleben zu retten. Das Pflegepersonal opfert sich zu schweren und teilweise menschenunwürdigen Bedingungen förmlich auf. Jeder gibt sein Bestes. Wäre es da nicht der Gipfel der Undankbarkeit, das nicht zu würdigen? Wer hier kritische Fragen stellt, kann nur empört zurückgewiesen werden. Wollen wir denn nicht die Alten und Schwachen in unserer Gesellschaft schützen? Anerkennen wir denn nicht die Anstrengungen derer, die sich auch für uns einsetzen? Die Mauern, die den seidenen Faden umgeben, an dem alles hängt, sind aus unseren allerbesten Absichten und größten Hoffnungen erbaut.

In the box

Es ist noch gar nicht so lange her, dass viele die Entwicklungen in unserer Welt kritisch hinterfragten. Vielleicht stehen auch in unserem Bücherregal Erich Fromm, Hannah Arendt oder Neil Postman. Vielleicht haben wir einmal den Kriegsdienst verweigert. Dennoch lassen viele der einstigen Pazifisten heute zu den Waffen greifen. Gleichzeitig beschießen sie diejenigen, die sie in der eigenen Unehrlichkeit und Bequemlichkeit stören. Denn was würde geschehen, wenn wir die Fragen an uns heranließen?

So ziehen die meisten es vor, beim Alten zu bleiben. Immer gleiche Abläufe wägen uns auf der sicheren Seite. Das war schon immer so. Das bleibt auch so. Über das, was zur Routine geworden ist, müssen wir uns keine Gedanken mehr machen. Was neu hinzukommt, muss nur noch in bestimmte Schubladen einsortiert werden, und wir haben unsere Ruhe. Gemeinhin informieren wir uns dort, wo wir in unserer Haltung bestätigt werden. Die Redlichkeit der Quellen zweifeln wir nicht an, denn das würde ja bedeuten, dass wir vielleicht neue Schubladen einrichten müssten oder sogar die ganze Kommode zum Sperrmüll bringen. So sind es letztlich nicht die Informationen, die unser Weltbild bestimmen. Es ist unsere grundsätzliche innere Haltung, die darüber entscheidet, wo wir uns informieren. Aus welchen Quellen beziehen wir die Informationen? Aus unabhängigen Medien oder aus den Medienunternehmen, die den großen globalen Konzernen gehören und an Interessenskonflikte gebunden sind?[12] Sind wir bereit, unseren Horizont zu erweitern, oder wollen wir uns vor allem in unserem Denken bestätigt sehen?

Das, was wir denken, so glauben vor allem jene, die lange studiert haben, entspringt unserer eigenen Intelligenz. Natürlich wissen wir, dass es so etwas wie Manipulation gibt. Aber darauf fallen wir doch nicht herein! Wir tun so, als herrschten wir über die Gedanken in unseren Köpfen. Dabei schaffen wir es nicht einmal, in diesem Moment nicht an eine grüne Zitrone zu denken. Nachts liegen wir oft stundenlang wach, weil uns unsere Grübeleien verfolgen. Während wir uns einbilden, unsere Gedanken im Griff zu haben, können andere, die es besser wissen, Informationen verschicken, an die wir nur allzu bereitwillig an-

---

12 https://swprs.org/

docken. Wir bekommen es gar nicht mit. Vielleicht sind wir die meiste Zeit damit beschäftigt, uns an unseren Feindbildern abzuarbeiten. Vielleicht tragen wir Vergangenes nach oder sorgen uns um Zukünftiges. So sind wir sozusagen nicht präsent, nicht dort, wo unser Bewusstsein ist: in der Gegenwart. Während wir gewissermaßen aushäusig sind, können andere es sich in unseren Köpfen bequem machen, ohne dass es uns bewusst ist. Zu der Kunst der Manipulation gehört es, dass man sie nicht mitbekommt. Wie der Frosch, der ins kalte Wasser geworfen wurde, merken wir nicht, dass wir langsam gar gekocht werden. Am wenigsten merkt es der, der glaubt, er sei dagegen gefeit.

In der Coronazeit hielten es viele Menschen für solidarisch, das eigene Denken abzuschalten. Wer sich so verhielt, der handelte verantwortungsbewusst. Wer den Begriff Verantwortung in den Global Player Google eingibt, der findet als Definition die Verpflichtung, dafür zu sorgen, dass die Dinge einen möglichst guten Verlauf nehmen und dabei möglichst kein Schaden entsteht. Als Synonyme gelten Begriffe wie Pflichtbewusstsein, Gewährleistung, Haftbarkeit und Schuld. Dieses Verständnis von Verantwortung hat also etwas mit Autoritätsbefolgung zu tun und ist auf ein Resultat ausgerichtet. Wenn wir die Konsequenzen für unser Verhalten nicht richtig kalkuliert haben, werden wir zur Rechenschaft gezogen. Also gehen wir auf Nummer sicher und folgen den Schildern: *Chemotherapie heilt Krebs,* steht da etwa in großen Lettern. *Impfen ist gut für die Ge-*

sundheit. Oder *Achtung! Virengefahr! Hier nicht abbiegen!* Es ist so einfach, wie an einer roten Ampel zu halten oder den Sicherheitsgurt anzulegen. Man muss einfach nur das machen, was da steht. Es ist so einfach, dass es jedes Kind kapieren kann.

Es gibt Dinge, darüber diskutiert man nicht. Die Erde ist rund, und die Wölfe, die wir für unsere Nächsten sind, gehören an die Leine. Um das Schlimmste zu vermeiden, werden wir von Anfang an in die richtigen Bahnen gelenkt. Vater Staat passt auf alle auf. Familienplanung, Geburtenkontrolle, frühkindliche Förderung, Klassendenken, Benotung und eine zunehmend engmaschige Überwachung aller Lebensbereiche bereiten uns früh darauf vor, nicht auf krumme Gedanken zu kommen.

Je isolierter wir dabei sind und je weniger Familienzusammenhalt es gibt, desto besser kann man uns diese Entwicklung als Fortschritt verkaufen. Ist es nicht ein Zeichen der Emanzipation, wenn die Kinder so früh wie möglich »sozialisiert« werden und die Mütter arbeiten gehen können? Ist Muttersein nicht hausbacken? Warum sollten nicht auch Männer das Recht haben, Kinder auf die Welt zu bringen? Sorgt künstliche Befruchtung nicht für mehr Rechte? Fördert die Frühsexualisierung der Kinder nicht die sexuelle Vielfalt? Bedeutet Gendern nicht gleiche Chancen für alle? Führt es nicht zu mehr Freiheit und Toleranz, wenn wir unter über 70 Geschlechtern wählen und darüber entscheiden können, ob wir transgender, genderqueer, genderfluid, bigender, pangender, agender oder demigender sind? Gehört das Recht auf geschlechtliche Selbstbestimmung nicht zum Recht auf Menschenwürde und zum Recht auf die freie Entfaltung der Persönlichkeit?[13]

Das falsche Ende

Während wir dabei sind, unsere Persönlichkeit zu entfalten und uns in Toleranz und Emanzipation zu üben, geht es vielen insgesamt immer schlechter. Depressionen, Burn-out, chronische Erkrankungen, Suizidgefährdung – das Leben vieler Menschen ist von Stress, Angst und Sorgen bestimmt. Mehr als 34 Millionen Deutsche leiden unter Schlafstörungen.[14] Von allen Seiten werden wir mit beängstigenden Nachrichten bombardiert, die uns die Ruhe rauben.

Vielen Angstprodukten, die heute vermarktet werden, gemein ist, dass sie schwer zu fassen sind. Über sie kann nur spekuliert werden. Der Konjunktiv beherrscht die Schlagzeilen. Zunehmend wird darüber informiert, was wohl passiert ist und was

---

13 https://www.bmj.de/DE/themen/gesellschaft_familie/queeres_leben/selbstbestimmung/selbstbestimmung_node.html

14 https://www.focus.de/gesundheit/ratgeber/nachts-staendig-wach-welche-fehler-sie-bei-schlafstoerungen-vermeiden-sollten_id_179270426.html

alles passieren könnte. Tief dringen die Gedankenviren in unsere Köpfe hinein und versetzen uns in eine latent besorgte Grundstimmung. Von 20-Uhr-Nachrichten zu Zigarettenpackungen: Schreckensbilder fluten unsere Gehirne und sorgen schließlich dafür, dass unsere Befürchtungen Wirklichkeit werden.

Nocebo heißt der umgekehrte Placeboeffekt: Ich werde schaden. Er besagt, dass wir das in unser Leben ziehen, was wir fürchten. Wie gut es funktioniert, sehen wir, wenn wir uns umschauen. Wir leben nicht in Frieden. Die Welt ist nicht sicherer geworden. Es gibt nicht weniger Unruhen, Hunger, Kriege, Armut und eine ungleiche Verteilung der Güter. Wohlstand und Lebensqualität für alle sind nicht gestiegen. Die Abholzung der Urwälder wurde nicht gestoppt und die Massentierhaltung nicht abgeschafft. Böden, Wasser und Luft sind mehr denn je vergiftet. Keines der großen Probleme, die unsere Zivilisation mit sich gebracht hat, wurde gelöst. Dennoch wähnen wir uns auf dem richtigen Weg. Wir müssen uns nur noch ein wenig mehr anstrengen, dann wird das schon.

Immer wieder schlagen wir den Boten, die uns mitteilen wollen, dass etwas nicht stimmt, die Tür vor der Nase zu. Anstatt uns an die Ursache der Probleme heranzuwagen, bekämpfen wir den, der uns mitteilt, dass es ein Problem gibt. Doch früher oder später werden wir nicht mehr weghören können. Früher oder später werden wir gefragt werden, was wir denn gemacht haben, als die impfkritischen Ärzte und Juristen aus ihren Wohnungen geholt wurden. Was haben wir gemacht, als Wissenschaftler wie Sucharit Bhakdi einer regelrechten Hexenverfolgung zum Opfer fiel und Clemens Arvay den Ausweg aus den öffentlichen Anfeindungen nur noch im Selbstmord fand? Wo waren wir, als den Regierungskritikern die Kanäle und die Bankkonten gesperrt wurden und als viele kritische Journalisten auswanderten, weil sie sich in Deutschland nicht mehr sicher fühlten? Was haben wir getan, als unsere Eltern alleine in Spezialeinrichtungen sterben mussten und unsere Kinder in den Schulen regelrecht verhaftet wurden?

Dieses Mal werden wir uns nicht damit herausreden können, von allem nichts gewusst zu haben. Die Informationen waren uns frei zugänglich. Viele der Journalisten in den unabhängigen Medien, die sich nur aus den Spenden der Leser finanzieren, haben unermüdlich und ehrenamtlich gearbeitet, um die Menschen vielseitig zu informieren. Jeder konnte wissen, dass es nicht nur eine Sicht auf die Dinge gibt. Jedem können Worte wie *Deep State* und *False Flag* ein Begriff sein.

Niemand wurde davon abgehalten, sich auch anderswo als in den Leitmedien zu informieren. Niemand wurde gezwungen, diejenigen anzufeinden, die es taten. Jeder von uns hat die Möglichkeit, sich eine wirklich eigene Meinung zu bilden. Das bedeutet Verantwortung. Wirkliche Verantwortung ist es nicht, so wie Google uns sagt, zu versuchen, den Gang der Dinge so zu beeinflussen, dass möglichst das gewünschte Resultat dabei herauskommt. Verantwortung ist, die Nachricht, die uns überbracht wird, anzunehmen, ob sie uns passt oder nicht.

An dieser Stelle haben wir uns grundlegend geirrt. Anstatt zuzuhören haben wir uns abgewandt. Statt neugierig und interessiert zu sein, haben wir verurteilt. Statt offen zu sein, haben wir uns verschlossen. Statt wahrzunehmen, haben wir interpretiert, statt zu fühlen analysiert und statt bei uns anzusetzen projiziert. Wenn der andere endlich einsieht, dass er falsch liegt, dann kommen die Dinge in Ordnung. Immer wieder versteifen wir uns darauf, dort etwas verändern zu wollen, wo wir keinen Einfluss haben. Wir haben am falschen Ende angesetzt. Es ist nicht möglich, im Außen etwas zu verändern, wenn wir es nicht zunächst in uns selbst tun. Hier bei uns laufen die Fäden zusammen. Wir halten das Band in der Hand. Allein hier an unserem Ende können wir etwas bewirken. Hier können wir etwas ausrichten. Es funktioniert nicht, zum anderen zu gehen und ihm zu erklären, was er mit seinem Ende zu machen hat. Wir müssen bei uns anfangen. Hier allein liegt unsere Macht.

Diese Erkenntnis bedeutet, dass wir nicht das Opfer unserer Geschichte sind, sondern ihr Held. Sie übergibt uns das Zepter einer Verantwortung, die für viele so schwer zu tragen ist. So sehr wurden wir darauf ausgerichtet, die Ursachen und Lösungen für unsere Probleme im Außen zu suchen. Unser Weltbild lebt von Rettern auf der einen Seite und von Sündenböcken auf der anderen. Auf sie laden wir ab, was wir nicht haben wollen. Doch während der Zeigefinger auf den anderen weist, zeigen drei Finger auf uns selbst. Wir sind die, auf die wir warten. Von uns hängt es ab, wie sich die Dinge weiterentwickeln, von unserer Entscheidung, in uns selbst aufzuräumen und uns von dem zu trennen, was uns beschwert.

Wenn wir das wagen, werden wir reif für eine echte Demokratie. Keine, die nur die Fortsetzung des Verhältnisses von Herrschenden zu Beherrschten ist, keine, die aus Sklaven Lohnsklaven gemacht hat, sondern eine wirkliche Basisdemokratie, deren freie und souveräne Mitglieder sich ihrer Würde und ihrer Möglichkeiten bewusst sind. Demokratie braucht echte Menschen, keine Menschmaschinen. Sie braucht Eigenverantwortung, keine Hierarchien. Sie braucht Männer und Frauen, die bereit sind, sich mit sich selbst auseinanderzusetzen, in die eigenen Tiefen hinabzusteigen, um die Schätze, die sie dort finden, der Gemeinschaft zur Verfügung zu stellen.

DER RUF DES ABENTEUERS

Der Deutsche gleicht dem Sklaven,
der seinem Herrn gehorcht ohne Fessel, ohne Peitsche,
durch das bloße Wort, ja durch einen Blick.
Die Knechtschaft ist in ihm selbst, in seiner Seele,
schlimmer als die materielle Sklaverei ist die spiritualisierte.
Man muss die Deutschen von innen befreien.
Von außen hilft nichts.

Heinrich Heine

Ein langer, abenteuerlicher Weg liegt vor uns. Einen kurzen, leicht begehbaren Weg gibt es nicht, soll der griechische Mathematiker Euklid von Alexandria gesagt haben. Der Königsweg ist eine hoch anspruchsvolle *Via Ferrata*, ein diffiziler Balanceakt zwischen Höhen und Tiefen, ausgetrockneten Wüsten und unbekannten Urwäldern. Man begeht diesen Weg nicht nur bei schönem Wetter, sondern auch dann, wenn es stürmt und schneit und man die Hand vor Augen nicht sieht. Hier geht es nicht um Bestzeiten und Performanz oder darum, sich an anderen zu messen. Es geht allein um uns selbst. Die Schlüssel zu den Türen, die wir zu öffnen haben, liegen nicht wie bunte Ostereier am Wegesrand. Sie erscheinen uns als Stolpersteine, Fallstricke und komplizierte Verknotungen, aus denen wir uns zu lösen haben.

An der Werkbank

Eine Heldenreise vollzieht sich in verschiedenen Etappen. Bevor der Held den Ruf des Abenteuers hört, lebt er in einer gewöhnlichen Welt. Zunächst weist er den Ruf zurück, bis er jemanden trifft, der ihm zeigt, dass er über magische Kräfte verfügt. Erst jetzt kann der Held seine Mission akzeptieren. Auf seinem Weg trifft er neben Verbündeten auch Gegner und Hindernisse. Auf dem Höhepunkt, der zugleich der tiefste Punkt ist, muss er sich seinem ärgsten Feind, seiner größten Angst stellen. Beim Aufeinandertreffen der guten und der bösen Mächte wird der Held schließlich auch mit seinem eigenen Tod konfrontiert. Nach überstandener Prüfung bekommt er seinen Lohn und tritt den Rückweg an. Als er heimkommt, scheint sich nichts verändert zu haben, und er muss lernen, sein Alltagsleben mit seinem neuen Wissen zu vereinen. Es ist seine innere Ausstrahlung, die schließlich seine Umgebung und die Menschen, die ihm begegnen, verändert.

Alle Heldenreisen folgen einem bestimmten Muster. Von Odysseus bis Pretty Woman – sie alle haben bestimmte Prüfungen zu bestehen, bevor sie siegreich nach Hause zurückkehren. Als Mythos, Märchen, Legende, Film oder Computerspiel erhält die Erzählung ihre Spannung dadurch, dass der Held oder die Heldin verschiedene Etappen durchlaufen müssen, um ans Ziel zu kommen. Sie müssen sich richtig anstrengen. Bis zum Äußersten müssen sie gehen, um ihr Ziel zu erreichen. Die Konfrontation mit den eigenen Grenzen, über die der Held Reinigung, Läuterung und Befreiung erfährt, wird jedes Mal wie ein kleiner Tod erlebt. Wir müssen uns endgültig von etwas trennen.

Wie in den Phasen, die ein Sterbender durchläuft, will der Betroffene zunächst nicht wahrhaben, was geschieht.[15] Der Schock ist so groß, dass die Psyche die Information blockiert. Die haben die Ergebnisse vertauscht! Das ist ein Missverständnis! Das kann nicht sein! Darauf folgen Zorn, Wut und Schuldzuweisungen, in denen sich die Anspannung entlädt. In einer dritten Phase versucht der Betroffene zu verhandeln: mit den Ärzten, mit Gott, mit sich selbst. Wenn ich genau tue, was man mir sagt, wird alles wieder gut. In der vierten Phase kommen Resignation und Depression, Angst und Trauer zum Vorschein. Der Betroffene realisiert, dass es vorbei ist. Es ist zu spät. Die letzte Etappe ist die Akzeptanz. Wir nehmen unser Schicksal an und treten in einen ruhigen, fast gefühllosen Zustand ein. So können wir loslassen und uns endgültig aus dem alten Leben verabschieden, um in ein neues Leben zu treten.

Unsere Gesellschaft hat es verlernt, sich mit der tiefen symbolischen Bedeutung von Geburt, Tod und Wiedergeburt ausei-

---

15 Elisabeth Kübler-Ross: *Über den Tod und das Leben danach,* Silberschnur 2019.

nanderzusetzen. Wir sind nicht mehr vertraut mit den Prozessen des Wandels und Über-uns-Hinauswachsens. Wir kennen sie nicht mehr, die Rituale und Initiationen, den Rhythmus der verschiedenen Lebensphasen, die Tore, die wir in einem Leben zu durchschreiten haben. Unser System hat dafür gesorgt, dass uns nicht nur unsere Gesundheit nicht mehr gehört. Auch unsere Geburt und unser Tod werden von anderen verwaltet. Jeder Zweite von uns stirbt im Krankenhaus, obwohl die meisten das nicht wollen. Damit unser Sterben sicher abläuft, werden wir, solange es geht, medikamentös am Leben gehalten und verbringen die letzte Zeit unseres Lebens nicht im Kreise unserer Liebsten, sondern an kalte Maschinen angeschlossen.[16] So wie wir sterben, so werden wir geboren. Ein ganzes Arsenal von Sicherheitsvorkehrungen sorgt dafür, dass alles unter Kontrolle ist. Zwischen Geburt und Tod: Alles nimmt man uns aus der Hand. Wir müssen uns um nichts mehr kümmern.

Helden wählen einen anderen Weg. Sie stellen sich dem Ungewissen und schrecken nicht davor zurück, den Fuß ins Leere zu setzen. Sie bleiben nicht bei der Klage über das Verlorene stehen, sondern verwandeln sprichwörtlich Blei zu Gold. Als sie aus den Cafés und Restaurants ausgeschlossen wurden, haben sie sich gegenseitig eingeladen und füreinander gekocht. Als ih-

---

16 Matthias Thöns: *Patient ohne Verfügung. Das Geschäft mit dem Lebensende*, Piper 2016.

nen der Zugang zu Kino, Theater und Konzert verwehrt wurde, haben sie ihre Wohnzimmer geöffnet. Als ihre Arbeitgeber sie zwingen wollten, sich impfen zu lassen, haben sie ihre Jobs gekündigt. Sie haben sich sinnvolle Tätigkeiten gesucht und angefangen, sich gegenseitig zu unterstützen. Auf der ganzen Welt haben sie Oasen des Widerstands gegründet und begonnen, sich zu vernetzen. Zensur und die Einschränkungen der Grundrechte haben sie den unersetzlichen Wert der Freiheit erkennen lassen. Als man sie von außen angriff, haben sie ihren inneren Frieden gemacht. Sie haben gelernt, ihre Wut und ihre Angst in Kreativität zu verwandeln. Die Zeit der sozialen Distanzierung haben sie für neue Begegnungen genutzt. Als alte Freunde sich von ihnen abwandten, haben sie sich für neue Bindungen geöffnet und die tiefe Bedeutung echter Gemeinschaft erfahren.

Alchemisten gleich haben sie das Negative in etwas Positives verwandelt. Die älteste Wissenschaft unserer Zivilisation lehrt, dass nicht das *Dagegen* zum Ziel führt, sondern das *Damit*. Wer im Protest verbleibt und gegen etwas ankämpft, nährt mit seiner Energie letztlich genau das, was er nicht will. Nur was wir annehmen, können wir verändern. Der Alchemist wirft das Blei nicht weg. Er nimmt das dunkle, schwere Material in die Hand und sieht es sich ganz genau an.

Wir stehen da wie der Magier an seiner Werkbank auf der ersten Karte des Tarots. Das Kartenspiel, so heißt es, geht auf das alte ägyptische Reich zurück. Um das wertvolle jahrtausendealte Wissen vor der Zerstörung zu bewahren, vertraute man es alltäglichen Spielkarten an. Sie waren weitläufig in Gebrauch und sind es bis heute. Der Magier hat alle Werkzeuge vor sich, die er braucht. Er muss nur zugreifen und sich bedienen. In der Deutung der Karten steht der Archetyp des Magiers für die Aktvierung unseres Potenzials. Er repräsentiert sozusagen das Rohmaterial, aus dem wir etwas schaffen, den Menschen in seiner Rohfassung, der gerade damit beginnt, an sich selbst zu arbeiten.

In unserer Sprache ist der Begriff Magie weitestgehend in Vergessenheit geraten. Wir verbinden mit ihm Kunststücke, die in Zirkus und Variété aufgeführt werden, optische Täuschungen, die ein leichtgläubiges Publikum in Atem halten. Ursprünglich kommt das Wort aus dem Persischen und bezeichnet die Tätigkeit eines Weisen, eines Priesters, Traumdeuters und Astrologen. Magie geht von der Vorstellung aus, dass alles im Kosmos von einer transzendenten Kraft durchdrungen ist, auf die in magischer Weise Einfluss genommen werden kann.

Im christlichen Mittelalter wurde der Begriff verdreht und negativ besetzt. Er wurde mit schwarzer Magie gleichgesetzt, der gezielten Einflussnahme mit dem Ziel, Schaden zuzufügen. Bald kannten die Priester sich nicht mehr aus mit den Geistern der Natur und sandten stattdessen Moralapostel in alle Welt, die die alten Weisheiten in Dekrete, Verordnungen, Gesetze und Verbote pressten und die Menschen mit Höllenvisionen in Angst und Schrecken versetzten. Schließlich verbrannte man das alte Wissen der Weisen und Heiler auf den Scheiterhaufen der Inquisition. Heute ist davon nicht mehr viel übrig. Nur noch die von uns als primitiv angesehenen Naturvölker pflegen die alten Rituale, während die sogenannte zivilisierte Welt auf technologischen Fortschritt setzt. In ihr hat das Übersinnliche, das, was wir nicht mit unseren fünf Sinnen wahrnehmen können, keinen Platz. Wir haben der Magie gewissermaßen den Boden unter den Füßen abgegraben. Es bleibt nur eine abgehobene, realitätsferne Idee dessen, was sie einmal war: eine starke und lebendige Verbindung zwischen Materie und Geist, Himmel und Erde. Heute wird nicht mehr geträumt, sondern kontrolliert, nicht mehr intuitiv erfasst, sondern profitorientiert berechnet, nicht mehr subtil erahnt, sondern in Stahl und Beton gegossen.

Auf den altmodischen und ungelenk wirkenden Bildern des Tarot sieht der Magier nicht aus wie ein Magier, sondern wie ein Handwerker. Kein Krötenschleim ziert seinen Arbeitstisch, sondern praktisches Werkzeug in übersichtlicher Anordnung. Mit beiden Beinen steht er auf dem Boden. Was dem Magier jedoch fehlt, ist das Rohmaterial, mit dem es sich experimentieren lässt. Seine Aufgabe wird es nicht sein, das Werkzeug schön zu polieren, sondern es zu benutzen. Hierfür muss er sich auf die Suche nach Rohstoff machen. Dieser Stoff ist nicht materiell gemeint. In der Alchemie, die hier betrieben wird, geht es nicht darum, dem Leben seine Geheimnisse zu entreißen oder das Natürliche zu zersplittern, um es künstlich neu zusammenzusetzen. Funken werden sprühen, doch es wird kein Werk der Zerstörung sein, das hier begonnen wird. Es wird darum gehen, an das Wesentliche heranzutreten, das Ursprüngliche, das, was uns zurück in unsere Kraft bringt und uns aus der Ohnmacht befreit.

So ist der Stoff, um den es geht, der Reisende selbst. Was wird ihm auf seinem Weg widerfahren? Welche Menschen und Ereignisse werden ihm begegnen? Was für Überraschungen wird er erleben? Die erste Karte des Spiels, die den Reigen der Archetypen anführt, ist von Optimismus geprägt, Neugierde, Tatendrang und Zuversicht. Endlich geht es los! Alles ist bereit! Alles, was er für den inneren Abziehprozess braucht, für das Aufdecken des Verborgenen, steht ihm zur Verfügung.

Auf den Kopf gestellt

Dem Reisenden zur Seite stehen insgesamt zweiundzwanzig Archetypen, die *Großen Arkana*. Papst und Kaiser, Eremit und Liebende, Sonne und Mond, Tod und Teufel sind gewissermaßen die Trauzeugen, die ihn einst zu seiner inneren Hochzeit führen werden, zum Friedensschluss mit sich selbst, zur Umarmung seiner Schwächen und seiner Stärken, seiner kranken und seiner gesunden Seiten. Sie werden sein Glück besiegeln, in die innere Mitte gefunden zu haben und Meister seines Lebens geworden zu sein.

Auf der zwölften Karte hängt ein Mann an einem Fuß angebunden an einem Ast. In stoischer Haltung und mit hinter dem Rücken verschränkten Armen erträgt er seine unbequeme Lage. Er scheint sich mit seinem Los abgefunden zu haben und leistet keinen Widerstand. Für den, der diese Karte zieht, symbolisiert der Gehängte gleichzeitig eine festgefahrene, erstarrte Situation und die Eröffnung einer neuen Perspektive. Um sich aus dieser Situation zu befreien, wird er auf andere Kräfte zurückgreifen müssen als seinen Verstand. Denn sein Kopf hängt unten. Nicht die Vernunft wird es also sein, die die Knoten lösen wird, nicht das an Zwecken und Zielen ausgerichtete Denken und Handeln. Er wird sich auf Kräfte besinnen müssen, die er seit Langem vernachlässigt und fast vergessen hat.

In unserer Gesellschaft spielt der Verstand die Hauptrolle. Seit im 18. Jahrhundert die Vorherrschaft des Klerus von der Wissenschaft abgelöst wurde, sind wir sozusagen vernünftig geworden. Wissenschaft, so die Definition, ist darauf ausgerichtet, über kausale Zusammenhänge und Gesetzmäßigkeiten von Natur, Technik, Gesellschaft und Denken Erkenntnisse zu erlangen und in Begriffen, Kategorien, Gesetzen, Theorien und

Hypothesen zu fixieren. Die Forschungsergebnisse müssen eindeutig sein, transparent, objektiv überprüfbar, verlässlich und ehrlich erlangt.

Zurückgehend auf das aristotelische Ideal sollte Forschung neutral sein, wertungsfrei und rein. In letzter Konsequenz bedeutet dies, dass der Mensch als Forschender ungeeignet ist. Denn er ist keine *tabula rasa,* keine weiße Tafel ohne Vorgeschichte. Wir kommen nicht als leere Festplatten zur Welt, und auch forschende Menschen haben eine Geschichte. Sie haben Gefühle, sind von Denkmustern und Gewohnheiten geprägt und tragen mehr oder weniger verborgene Interessen und Aspirationen in sich, die ihre Arbeit zwangsläufig beeinflussen. In keinem Fall sind sie objektiv und allein auf ihr Forschungsobjekt ausgerichtet. Menschen sind Subjekte: mit Bewusstsein ausgestattete, denkende, erkennende und handelnde Wesen, die in Beziehung zu dem stehen, was sie erforschen.

Wir wissen heute, dass Forscher und Erforschtes untrennbar miteinander verbunden sind und dass es im Grunde genommen keine Welt da draußen gibt.[17] Die Welt zu beobachten, heißt immer auch, sie zu gestalten. Auf der Quantenebene spiegelt jedes wissenschaftliche Ergebnis auch die Fragestellung des Experiments wider, aus der es hervorgegangen ist. Ein Elektron, das

17 Hans-Peter Dürr: *Geist, Kosmos und Physik: Gedanken über die Einheit des Lebens,* Crotona 2010.

gefragt wird, ob es ein Teilchen ist, zeigt sich als Teilchen. Wenn es aber gefragt wird, ob es eine Welle ist, dann ist es eine Welle. Wenn wir also nach etwas suchen, tragen wir gleichzeitig dazu bei, dass es entsteht. Hingegen verweigern wir dem, wonach wir nicht suchen, gewissermaßen die Existenz.

Um dem Ziel möglichst großer Objektivität gerecht zu werden, bleibt der Forschende möglichst weit von seiner Gefühlswelt und damit von seinem Herzen entfernt. So ist er innerlich erkaltet. Es herrscht der Kopf, die kühle Berechnung. Die Spitze hat sich von der Basis gelöst. Unser Denken hat sich gewissermaßen verselbstständigt. Losgelöst von Herz und Bauch, vom Fühlen und vom Wollen, ist es immer abstrakter geworden und schließlich auch immer absurder. Wir sagen nicht mehr, was wir denken, und wollen nicht mehr, was wir tun.

Um Halt zu bekommen, klammert sich der Suchende an die Objekte, die zu erobern er sich in den Kopf gesetzt hat. Auf diese Weise sind wir nicht mehr im Sein verankert, sondern vom Haben abhängig geworden. Auch die Verbindungen zwischen den beiden Gehirnhälften haben wir vernachlässigt. Die logische linke Hälfte dominiert die intuitive und emotionale rechte. Immer mehr setzte sich das der linken Gehirnhälfte zugeordnete männliche Prinzip durch, während das Weibliche ausgegrenzt wurde.

Mit den quantitativen Messungen des Beobachtbaren und der Analyse der Messergebnisse mit Mitteln der Mathematik wurde die Welt nach und nach zu einem Ding. In sterilen Laboren werden dem Lebendigen die Geheimnisse entrissen. Unsere Forschungsergebnisse basieren auf dem Leid unzähliger Lebewesen. Es geht nicht mehr darum, das Leben besser zu verstehen, sondern es vielmehr bis in seine kleinsten Bausteine auseinanderzunehmen, um es dann auf künstliche Weise neu zusammenzusetzen. Wir zerstören, um zu beherrschen. Längst gibt es die ursprüngliche Vielfalt nicht mehr. Das Bunte ist grau geworden, das Komplexe banal, das Subtile schal.

Der voranschreitende Reduktionismus in der Forschung findet seinen aktuellen Höhepunkt in dem Ausdruck *die* Wissenschaft. Das Ergebnis steht von vorneherein fest und hängt von dem ab, der die Untersuchungen finanziert. Minderheitenmeinungen gelten als Pseudowissenschaft, Fake News oder psychopathologische Realitätsfeindlichkeit. So werden die großen Fragen der Menschheit in einfache materialistische Formeln gegossen, die populärwissenschaftlich verbreitet werden. Alle, die das offizielle Narrativ infrage stellen, werden zu dem Schlimmsten, was Menschen sein können: *Negationisten,* Menschen, die Völkermord leugnen.

Für den Gehängten steht die Welt Kopf. Alles ist verdreht.[18] Materialismus, Reduktionismus, Determinismus, Kapitalismus

---

18 https://www.manova.news/artikel/alles-steht-kopf

und Atheismus haben das Höchste zum Niedrigsten gemacht und unsere Vorstellung vom Fortschritt auf ein einziges Ziel gelenkt: die Kontrolle des Lebendigen. Bereits in der Genesis ist die Kontrolle angelegt, die unsere Zivilisation heute auf die Spitze treibt: Ein alleinherrschender Vatergott vertrieb seine Kinder aus einem Leben in Fülle und Sorglosigkeit und verbannte sie in eine Welt aus Mangel und Angst. Hier hat die Legitimation, im Schweiße unseres Angesichts zu arbeiten und unsere Kinder unter Schmerzen zu gebären, ihren Ursprung. So steht es geschrieben. Ob auf den Feldern, in den Minen, den Fabriken, den Büros oder outgesourct – Arbeit ist anstrengend. Jeden Tag müssen wir uns unser Leben praktisch neu verdienen.

Wie ein blutroter Faden zieht sich das Leiden durch unsere Geschichte. Wir sind verflucht, vertrieben, ausgestoßen. Es ist nicht genug für alle da. Ins Paradies kommen nicht alle hinein. Die Impfdosen reichen nicht für alle. Es ist nicht genug Platz auf dem Planeten. Wie ein seit Jahrtausenden gefütterter Krake greift ein Denken nach uns, das von Knappheit und Entbehrung beherrscht ist. In ständiger Sorge, nicht genug zu haben, definieren wir uns über das, was wir besitzen: Häuser, Autos, Land, Geld, Einfluss, Kleidung, einen schönen Körper, einen attraktiven Partner, wohlgeratene Kinder, einen tollen Job und super Urlaubsfotos. Was wir haben, das wollen wir behalten, besser noch: mehr davon haben.

Gleichzeitig wurde uns nach und nach alles genommen, was

uns einmal gehörte, um es uns dann portionsweise zurückzuverkaufen. Wasser, das ursprünglich allen gehört, wird in Flaschen abgefüllt, die patentierte Saat muss jedes Jahr neu gekauft werden, und selbst die Luft zum Atmen gibt es möglicherweise nicht mehr lange gratis. So ist unser Fortschritt im Grunde genommen vor allem ein Fortschreiten von dem, was wir einmal hatten. Systematisch wurde dem Ursprünglichen ein Riegel vorgeschoben, bis die Quelle schließlich versiegte. Es soll sich zufällig so entwickelt haben, so wie ja auch unser Universum aus einem zufälligen Knall heraus entstanden sein soll. Zufällig ist aus dem ursprünglichen Paradies eine Hölle geworden. Zufällig setzte sich die Tendenz durch, die sich das Lebendige unterwirft. Zufällig steht der Planet heute vor einem Kollaps, der nicht nur das Ende der Menschheit bedeuten kann, sondern die Auslöschung des natürlichen Lebens.

In bester Absicht

Der Glaube an den Zufall braucht eine Welt ohne Zusammenhänge. Das Ursprüngliche gibt es fast nicht mehr. Von 150.000 erfassten Arten sind 42.100 in Bedrohungskategorien eingeordnet worden, das heißt, vom Aussterben bedroht.[19] So gut wie

---

19 https://www.wwf.de/themen-projekte/artenschutz/rote-liste-gefaehrdeter-arten

alle indigenen Kulturen sind ausgerottet worden. Auf den geheiligten Stätten der Naturreligionen wurden Kirchen erbaut und die ursprünglichen Kraftorte der Erde versiegelt. Uralte Gedenktage, Rituale und Traditionen wurden von christlichen Traditionen besetzt und den primitiven Symbolen neue Bedeutungen auferlegt. So haben die alten Symbole der Menschheit ihre Kraft verloren. Der reinigende Birkenbesen ist zum Hexenbesen geworden. Die Schlange, ursprüngliches Symbol für die kosmische Schöpferkraft, wurde zur Repräsentation des Bösen. Eine der bekanntesten Verdrehungen ist die Swastika. Das kraftvolle Glückssymbol östlicher Glaubensrichtungen wurde zum Hakenkreuz und damit auf ewig befleckt. Im gleichen Zuge wurde der Davidstern, das Siegel des Salomon, des größten und mächtigsten Königs Israels, zum Schandmal degradiert. Seitdem weiß die Welt, welche Sprache das Böse spricht. Begriffe wie Führer, Reinheit, Ehre, Treue oder Volk sind unbenutzbar geworden, allen voran das Wort Heil. An der Heilung hängt dicker, brauner Dreck.

Was von der Zerstörung übrig bleibt, ist die Scham. Die Kinder und Enkel der Verbrecher fühlen sich schuldig für Taten, die sie nicht begangen haben. Wie die Erbsünde, die jedem getauften Kind mit in die Wiege gelegt wird, klebt die Scham an uns. Während die eigentlichen Verbrecher rasch auf freien Fuß gesetzt oder nie wirklich zur Rechenschaft gezogen wurden, vergeht bis heute kein Tag, an dem die Welt nicht an das dunkelste Kapitel der deutschen Geschichte erinnert wird. Über die sogenannte Rattenlinie des Vatikans verbreitete sich das Gedankengut der Nazis in der ganzen Welt. Es ist bis heute lebendig. So konnte sich die Geschichte wiederholen. Die Nürnberger Prozesse haben uns nicht von den Menschenversuchen befreit. In der Coronazeit waren die Parasiten wieder da, die den Rechtschaffenen die Intensivbetten wegnahmen, der Reinheitswahn, eine erneute Massenhysterie und eine Bündelung der Macht. Doch wer es wagt, Parallelen zu sehen, der gehört in die ganz rechte Ecke.

Das Erbe der Nationalsozialisten hat Wunden gerissen, die bis heute nicht geheilt sind. Scham und Schuld treiben viele Menschen dazu, etwas wieder gutmachen zu wollen. Dieses Mal will man auf der richtigen Seite stehen.[20] Alte und Kranke müssen geschützt werden. Dem Russen muss der Garaus gemacht werden. Israel muss um jeden Preis verteidigt werden. Seit Auschwitz wissen wir, auf wessen Seite wir uns unbedingt stellen müssen. Viele Menschen haben den Sinn im Leben verloren und die Hoffnung, dass es eine höhere Gerechtigkeit gibt. Niemand wacht mehr über uns. Niemand schützt uns mehr. So war der Platz ganz oben auf der Pyramide frei für die Programmierer aus Silicon Valley. Sie begannen, die Kontrolle zu übernehmen.

20 Sabine Bode: *Kriegsenkel. Die Erben der vergessenen Generation,* Klett Cotta 2012.

Das weltweite Symbol für digitale Wirtschaft war schon vor dem Zweiten Weltkrieg als Basis für die Luftschiffe der U.S. Navy entstanden. Seitdem sammeln sich im kalifornischen Süden die Programmierer der IT- und Hightechindustrie. Apple, Intel, Google, AMD, Adobe, Symantec, Yahoo, eBay, Nvidia, Hewlett-Packard, Oracle, Cisco, Facebook, Tesla, Amazon, Dell – sie wissen so gut wie alles über uns. 93 Prozent aller Onlinesuchen werden über Google durchgeführt und machen das Unternehmen zum größten Monopol der Wirtschaftsgeschichte. Die Firma Microsoft gehört einem der reichsten Menschen des Planeten. In Zusammenarbeit mit den amerikanischen Geheimdiensten bestimmen die Programmierer, was wir zu Gesicht bekommen und was nicht. Die globalen Riesen kennen unsere Vorlieben und Abneigungen, unsere Identität und unsere Beziehungen, den Stand unseres Bankkontos und unserer Gesundheit. Sie wissen, wann wir schlafen gehen und wann wir aufstehen, welche Produkte wir benutzen, welche Filme wir sehen und mit wem wir in Kontakt sind. Nichts bleibt ihnen verborgen. Vor allem aber wissen sie, wo wir uns gerade befinden.

Immer näher rückt uns die Computertechnologie auf den Leib. Armeen von Satelliten und Überwachungskameras sorgen dafür, dass dem ganz großen Bruder nicht das winzigste Detail unseres Lebens mehr entgeht. So sind wir bereit für das *Internet of Things:* die globale Infrastruktur von Informationsgesellschaften, über die physische und virtuelle Objekte miteinander verbunden werden. Gedächtnisse in der Cloud, Gedankenübertragung per Hirnschnittstelle, Emotionen via Funkwellen sind längst keine Zukunftsmusik mehr. Die Firma Neuralink arbeitet bereits an der Entwicklung einer *Brain-Computer-Interface:* Geräten zur Kommunikation zwischen Computer und menschlichem Gehirn.

So bietet sich uns die Möglichkeit, uns endlich so zu benehmen, wie man es von uns erwartet. Niemals mehr werden wir ein Gender-I vergessen oder etwas Falsches sagen. Political Correctness, Wokeness, Critical Whiteness und Cancel-Culture sorgen dafür, dass wir uns heute nicht nur für die Taten unserer Großeltern schämen, sondern auch dafür, die falsche Hautfarbe, das falsche Geschlecht, die falsche Meinung zu haben oder mit den falschen Menschen in Kontakt zu stehen. Im Berliner Register können heute die gemeldet werden, die sich politisch unkorrekt verhalten und denen man eine gewisse Verfassungsfeindlichkeit nachsagen kann.[21]

Immer neue Holzscheite werden aufgelegt, um die Scham zu schüren. Dichter Rauch beißt in den Augen. Welche Regel gilt heute? Darf man das oder darf man das nicht? Was ist erlaubt und was ist verboten? Wie soll ich mich hier verhalten? Mit wem sollte ich besser nicht gesehen werden? Welche Auto-

---

21 https://www.berliner-register.de/

ren sollten nicht in meinem Bücherregal stehen? Welche Musik sollte ich nicht hören, welche Partei nicht wählen? Welche Wörter darf ich sagen, ohne unangenehm aufzufallen? Über die zunehmende Verunsicherung wird die Lösung vorbereitet: die komplette digitale Überwachung, die den Menschen vor sich selber schützt.

SPIEL MIT DEM FEUER

Dies wird die größte Revolution in der Biologie seit Beginn des Lebens vor vier Milliarden Jahren sein. Die Wissenschaft ersetzt Evolution durch natürliche Auslese durch Evolution mittels intelligenten Designs. Die ganze Idee, dass Menschen diese Seele oder diesen Geist haben und dass sie einen freien Willen haben, und niemand weiß, was in mir vorgeht – was ich wähle, ob bei der Wahl oder im Supermarkt, das ist vorbei!

Yuval Harari

Unaufhaltsam drängt sich die Überwachungstechnologie in alle Bereiche des Lebens. Das Werkzeug ist zu einem Meister geworden, der gerade dabei ist, alle aus der Werkstatt zu fegen. Ohnmächtig schauen die Zauberlehrlinge zu. Die Pyramide, ursprüngliches Symbol der Verbindung zwischen Himmel und Erde, ist zu einem Kontrollapparat geworden, dem sich niemand entziehen kann – auch nicht die Konstrukteure. Alle Energie wird nach oben abgesogen. Die Unteren gehen leer aus. Die meisten drohen hier, auf der Strecke zu bleiben. Ausgebrannt und leer fallen wir einem Überlebenskampf zum Opfer, der darauf ausgerichtet ist, uns alles zu nehmen.

Wes Geistes Kind

Die Technologie, so sieht es aus, hat uns weit gebracht. Wir sind heute zum Beispiel dazu in der Lage, über elektromagnetische Impulse Objekte in Bewegung zu setzen und mit Gedankenkraft Drohnen zu steuern. Das Phänomen begeistert. Wir müssen uns nur konzentrieren und die Energie unserer Gedanken auf ein bestimmtes Objekt richten, um es zu bewegen. Dank der Technik sind wir dazu in der Lage, per Gedankenkraft bestimmte Vorgänge gezielt zu steuern. Der Clou: Es geht auch ohne sie!

Wie unser Herz funktioniert unser Gehirn über messbare elektromagnetische Wellen. Wenn wir es üben, unsere Gedanken zu konzentrieren und entsprechend zu lenken, dann können wir in einem meditativen Zustand Schmerzen lindern oder unseren Blutfluss stillen. Nicht nur Yogis gehen über glühende Kohlen, ohne sich zu verletzen. Wir alle können es lernen, innerkörperliche Prozesse mit unserer Vorstellungskraft zu beeinflussen. In der Zahn- und Geburtsmedizin wird diese Fähigkeit seit Langem erfolgreich eingesetzt. In der Krebsmedizin entwickelte der amerikanische Radiologe Carl Simonton bereits in den 50er-Jahren des vergangenen Jahrhunderts eine Visualisierungsmethode, mit der Patienten gezielt Tumore zurückbilden können.[22]

---

22 Carl Simonton: *Wieder gesund werden: Eine Anleitung zur Aktivierung der Selbstheilungskräfte für Krebspatienten und ihre Angehörigen. Übungen zur Entspannung und Visualisierung nach der Simonton-Methode,* Rowohlt Taschenbuch 2001.

Die traditionelle indische und die traditionelle chinesische Medizin kennen seit jeher die Zusammenhänge zwischen Körper und Geist. Auch die Geistheilung beruht auf Fähigkeiten, die uns seit Urzeiten zur Verfügung stehen. Bei uns wird sie vor allem dort angewendet, wo die moderne Medizin nicht weiterkommt. Viele Menschen lassen eine Strahlentherapie von einem Geistheiler begleiten, um Verbrennungen zu vermeiden oder zu lindern, oder wenden sich bei Gürtelrose, Warzen oder Allergien an jemanden, der die Krankheit »bespricht«. Unzählige Menschen wurden nach dem Zweiten Weltkrieg von dem Geistheiler Bruno Gröning geheilt, bevor er an seiner Tätigkeit gehindert wurde.[23] Was nicht sein soll, das darf nicht sein.

Bereits Mitte des 19. Jahrhunderts wusste der Physiker und Elektroningenieur Nikola Tesla: Wenn wir unser Universum ergründen wollen, müssen wir in den Begriffen Energie, Frequenz und Schwingung denken. Er war einer der bedeutendsten Pioniere des technologischen Zeitalters, Erfindungsgenie und Besitzer von 280 Patenten, mit denen er unser Leben nicht nur bequemer machte, sondern auch manche Büchse der Pandora öffnete. An der Schule jedoch wird er kaum unterrichtet. Erst seit Kurzem ist sein Name in Zusammenhang mit selbstfahrenden Elektroautos in aller Munde. So schlummert das Eigentli-

---

23 https://www.bruno-groening.org/de

che weiter im Verborgenen: unsere geistige Schöpferkraft. Denn was würde geschehen, wenn wir wüssten, über welche Fähigkeiten wir verfügen?

Wenn wir uns unserer geistigen Kräfte bewusst wären, würden wir uns selbst per Gedankenkraft heilen und hätten keine schädlichen Nebenwirkungen mehr in Kauf zu nehmen. Wir wären weniger abhängig von Produkten und Dienstleistungen. Niemand würde mehr an unseren Krankheiten verdienen. Anstatt mehr einzukaufen, als wir brauchen, würden wir Gedankenhygiene betreiben. Wir würden uns die giftige Informationsflut nicht mehr ansehen, die täglich über uns ausgeschüttet wird. Wir würden die Geräte einfach nicht mehr anstellen. Wir würden nicht mehr fernsehen, sondern klarsehen. Wir würden es nicht zulassen, dass die elektronischen Rechenanlagen immer näher an uns heranrücken und unsere eigenen Frequenzen stören. Wenn uns klar wäre, was in uns steckt, würden wir uns nicht mehr kontrollieren lassen. Dem aktuellen System würde sozusagen der Treibstoff ausgehen. Also musste uns der Geist ausgeredet werden. Es gibt ihn ja gar nicht. Es gibt nur Materie.

So halten es viele Menschen nicht für möglich, dass das künstliche Leben dabei ist, das natürliche Leben zu verdrängen. Obwohl heute ChatGPT und smarte Geräte zu unserem Alltag gehören, obwohl überall Antennen und Überwachungssysteme errichtet sind, obwohl 7000 Satelliten die Erde umkreisen, obwohl die Firma Neuralink im September 2023 die Erlaubnis erhalten hat, Menschen einen Chip ins Gehirn zu pflanzen[24], obwohl Start-up-Unternehmen wie *Deepmind* die künstliche Intelligenz massiv vorantreiben[25] – sie glauben es einfach nicht. Apokalypseblindheit nannte der Philosoph Günther Anders, der erste Ehemann von Hannah Arendt, das Phänomen der kognitiven Dissonanz, wonach das Gehirn einfach aussortiert, was nicht ins Weltbild passt. Wir legen uns die Dinge so zurecht, dass sie unsere Vorstellungen bestätigen. Vereinfacht die Technik nicht unser Leben? Wir sind es doch, die die Programme schreiben und die auf den Knopf drücken. Auch wenn wir bereits erfahren mussten, dass die Maschine intelligenter ist als wir: Wir sind es doch, die sie gebaut haben. Wie könnte sie uns gefährlich werden?

Wehe! Wehe!

Die moralische Grundlage dafür, der Technologie und der künstlichen Intelligenz so viel Macht zu überlassen, ergibt sich aus einer utilitaristischen Ethik, wonach alles in Ordnung ist, was den Nutzen und das Wohlergehen steigert und das Leid

---

24 https://futurezone.at/science/elon-musk-neuralink-chip-gehirn-menschen-kritik-laehmung-als-studie/402601292

25 https://de.wikipedia.org/wiki/DeepMind

verringert. Wenn das Resultat mehr Sicherheit, mehr Bequemlichkeit, mehr Wohlstand bedeutet, dann sind auch beispielsweise Lügen und Gewalt moralisch vertretbar. Der Zweck heiligt alle Mittel.[26] Ausgehend von diesem Denken glauben viele Menschen heute, dass wir dem technischen Fortschritt alles zu verdanken haben. Wir bewundern die Kraft der Maschine, die so viel mehr kann als wir. Dank ihr sind aus matschigen Trampelpfaden bequeme Autobahnen geworden und aus den umherfahrenden Karren der Bader blitzblanke Spezialkliniken. Unsere Häuser strotzen vor Komfort und Hygiene. Viele Menschen zögern nicht, ihre Nachkommen im Labor designen zu lassen oder den eigenen Körper technologisch aufzurüsten.

Wir können es besser als die Natur. Auch nach Mary Shelleys *Frankenstein oder der moderne Prometheus* spielten wir weiter mit dem Feuer. Die Bombe wurde gezündet. Was getan werden kann, das wird getan. Nikola Tesla setzte sich über alle Bedenken hinweg und ermöglichte mit seiner Forschung, dass wir über Skalarwellen Flugzeuge vom Himmel holen, künstlich Erdbeben erzeugen oder gezielt das Wetter manipulieren können. Bereits seit den 1970er-Jahren sind verschiedene Arten der Wettermanipulation bekannt.[27] Der Physiker Philipp Zeller erforschte die

---

26 Gunnar Kaiser: *Die Ethik des Impfens. Über die Wiedergewinnung der Mündigkeit,* Europa Verlag 2022.

27 Rosalie Bertell: *Planet Earth: The latest Weapon of War,* Talma Studios International 2020.

Anmeldungen von Patenten für Technologien für die Manipulation von Wetter, die bis auf das Jahr 1892 zurückgehen. 1985 wurde in den USA die erste HAARP-Anlage patentiert und anschließend in Alaska erbaut. Bei diesen Anlagen handelt es sich um regelrechte Wälder von Radioantennen, die eine gewaltige Leistung an elektromagnetischen Wellen in die Atmosphäre jagen. Über sie kann die Ionosphäre so erhitzt werden, dass der erdumfassende Jetstream umgelenkt werden kann. HAARP kann, so Zeller, das gesamte Erdmagnetfeld stören, künstlich Erdbeben, Stürme und Dürren erzeugen, Waldbrände auslösen oder Flugzeuge und Raketen abschießen. Alle seine Aussagen sind mit offiziellen Quellen wie öffentlich zugänglichen Patenten, Regierungsdokumenten der USA und NASA-Studien belegt.[28,29] Schon wird laut darüber nachgedacht, die weltweite Erwärmung durch das Versprühen von Aerosolpartikeln in der Stratosphäre zumindest kurzfristig zu stoppen. Alle Mittel sind recht, den Klimawandel zu bekämpfen. Nichts scheint den Forschungsdrang stoppen zu können, uns die Natur gänzlich unterzuordnen. Während sie nach eigenen Gesetzen funktioniert, ist uns die Maschine ganz und gar ergeben. Wir müssen ihr nur den Auftrag geben, und schon macht sie, was wir wollen.

---

28 https://transition-news.org/geoengineering-ist-der-nachste-schritt-nach-der-atombombe

29 https://www.nachrichtenspiegel.de/2022/04/26/dr-philipp-zeller-dipl-physiker-eth-wettermanipulation/

Ein winziges Organ ist dafür zuständig, dass wir die Dinge in ihren Zusammenhängen begreifen und gewissermaßen klar sehen. Die Zirbeldrüse oder Epiphyse ist eine kleine endokrine Drüse in Form eines Pinienzapfens auf der Rückseite unseres Mittelhirns. Sie ist nicht nur für die Reparation von Zellschäden und die Umwandlung von Serotonin in Melatonin verantwortlich, das Hormon, das für einen guten Schlaf zuständig ist, sondern auch für die Regulierung unserer Gefühle und unseres Zeitempfindens sowie die Steuerung unserer Intuition. In energetischer Hinsicht reguliert die Zirbeldrüse das Zusammenwirken der Kräfte in unserem Körper. Sie steuert das Gefühl des Angebundenseins und die Verbindung mit unserem Herzen. Im Laufe unserer Evolution hat sich diese Drüse deutlich zurückgebildet und ist von ihrer ursprünglichen Größe von etwa drei Zentimetern auf wenige Millimeter geschrumpft. Zugesetzt haben ihr unter anderem mangelndes Sonnenlicht, künstliche Lichtquellen, das Fluorid in unserer Zahnpasta und im Wasser, WLAN, 5D und Glyphosat. Durch schädliche Umwelteinflüsse ist sie regelrecht verkalkt und in ihrer Funktion stark beeinträchtigt worden.[30]

Nicht nur die Schädigung der Zirbeldrüse hat dazu beigetragen, dass wir dem Aufbau einer zunehmend lebensfeindlichen

---

30 Brigitte Hamann: *Geheimnisvolle Zirbeldrüse: Mächtige Selbstheilungskräfte aktivieren, das Bewusstsein erweitern und das dritte Auge öffnen*, Kopp Verlag 2021.

Welt immer weniger entgegenzusetzen haben. Die Auffassung, das Leben sei ein Kampf, die Entfremdung von der Natur, die fehlenden Zusammenhänge, die Sinnlosigkeit, das negative Selbstbild, allgemeiner Bewegungsmangel, soziale Isolation, eine zunehmende Unselbstständigkeit und Trägheit, die Überbewertung des Verstands, psychischer Dauerstress, die zunehmende Abgabe von Eigenverantwortung, Frust, diffuse Ängste, ein latentes Gefühl der Bedrohung und die Reduktion des Herzens auf eine Pumpe haben uns empfänglich gemacht für die Dauerbombardierung mit Informationen, die uns einer künstlichen Welt in die Arme treiben.

Im Namen des Vaters

Dem Reisenden wird es zunehmend unbehaglich. Auf was kann er sich noch stützen, wem vertrauen? Wissenschaft, Politik, Medizin, Medien, Technologie – die Säulen seiner Überzeugungen beginnen zu bröckeln. Wo findet er Halt? Es bleibt die Kirche. Wenn alles zusammenbricht, dann besinnen wir uns auf die Religion. Wie steht es mit ihr heute, mit der Gemeinschaft, die sich in Jesu Namen gebildet hatte? Was ist aus ihr geworden? Wo ist sie lebendig, die Religion: das Verbindende zwischen Himmel und Erde?

Auch wo Gott für die meisten tot ist, so darf doch Jesus

zumindest als historische Gestalt gelebt haben. Als jüdischer Wanderprediger gilt er, der ab dem Jahr 28 öffentlich in Galiläa und Judäa aufgetreten ist und etwa drei Jahre später auf Befehl des römischen Präfekten Pontius Pilatus gekreuzigt wurde. Nicht in Begleitung eines siegreichen Heeres, sondern auf dem Rücken eines Esels ist er in Jerusalem eingezogen, seiner Verurteilung und seinem Tod entgegen. Jesus war ein Rebell, jemand, der sich der vorherrschenden Ordnung widersetzte und diese Haltung mit seinem Leben bezahlte. Er hielt die rechte Wange hin, wenn man ihn auf die linke schlug. Vor den Kranken ist er nicht zurückgewichen, sondern berührte, heilte und segnete die Aussätzigen. Er grenzte niemanden aus und wies niemanden zurück. Allein seinem eigenen Herzen gegenüber ist er verantwortlich geblieben. Sein Pazifismus war unerschütterlich, seine Liebe bedingungslos: *Vergib ihnen, denn sie wissen nicht, was sie tun.*

Kaum versammelten sich die ersten Menschen in seinem Namen, begann ihre Verfolgung. Das römische Reich duldete keine fremden Götter neben sich. Den großen Brand von Rom nutzte Kaiser Nero, um den ersten Christen die Schuld daran zu geben. Während sie in Rom den Löwen zum Fraß vorgeworfen wurden, entstanden in Jerusalem und Antiochia die ersten hierarchischen Strukturen, an deren Spitzen Aufseher standen, sogenannte Bischöfe, Priester und Diakone. Es war der Pharisäer

Saulus, der zum Paulus geworden war, der die Institution der Kirche begründete und ihr ihre Struktur gab – ein Angehöriger jener Berufsgruppe also, die Jesus aus dem Tempel vertrieben hatte, weil sie dort Handel trieben und den Glaubenskult kommerzialisierten. Im Gegensatz zu den anderen Aposteln hatte er Jesus nicht kennengelernt. Es war eine Vision, sozusagen eine virtuelle Begegnung, die aus dem einst erbitterten Gegner einen Baumeister der Kirche machte.

Schnell strebte diese Kirche vor allem nach einem: Macht. Bis auf den letzten Mann, die letzte Frau, das letzte Kind wurden diejenigen, die sich ihren Dogmen nicht beugen wollten, ausgemerzt. Diesen Begriff wählte die Kirche Roms für die gnadenlose Vernichtung derer, die ein unabhängiges, friedliches und zumeist fleischloses Leben führen wollten.[31] Nichts konnte den Griff der Päpste nach der Weltherrschaft aufhalten. Vom 13. bis zum 18. Jahrhundert sorgte die Heilige Inquisition dafür, dass möglichst alle Schäflein in denselben Stall getrieben wurden. Millionen Menschen wurden zu diesem Zweck verfolgt, gequält und getötet. In manchen Landstrichen gab es so gut wie keine Frauen mehr. Sie machten 80 Prozent der grausam Gefolterten, Ertränkten, Verbrannten und Zerstückelten aus.

Unermüdlich ergötzten sich die männlichen Inquisitoren an den nackten Leibern ihrer Opfer und suchten sie mit peinlichs-

31 https://www.manova.news/artikel/in-gutem-glauben

ter Genauigkeit nach Teufelsmalen ab. Frauen, so der »bedeutende Humanist, Schriftsteller, Historiker, Poet und Gelehrte« Pius II.[32], sind die Hölle. Für die Kirche Roms waren Frauen keine Geschöpfe Gottes. Wie mit Tieren konnte man mit ihnen machen, was man wollte. Sie hatten von Natur aus weniger Tugenden als Männer und waren aus allen Bereichen des öffentlichen Lebens herausgedrängt worden. Nur Kräuterkunde und Geburtshilfe waren ihnen geblieben, bis man sie als Hexen den Flammen übergab.

Nicht nur in Europa mordeten die Herren Roms. Ihre Grausamkeit wurde durch die von ihr gebilligten und geförderten Völkermorde auf den anderen Kontinenten noch übertroffen. Schon die Kreuzzüge hatten gezeigt, wozu Menschen fähig sind, wenn die Kirche ihren Segen dazu gibt. Nachdem Christoph Kolumbus, finanziert von den katholischen Königen Spaniens, den Seeweg zum amerikanischen Kontinent eröffnet hatte, verbreitete sich das Grauen in die ganze Welt. Die Chroniken aus der Zeit der Eroberung Amerikas zeugen von einer Barbarei, die jede Vorstellungskraft sprengt. Als Dank für ihren freundlichen und großzügigen Empfang schlachtete man die Ureinwohner Amerikas regelrecht ab. Nach 150 Jahren europäischer Besatzung waren 90 Prozent der gesamten amerikanischen Ur-

---

32 https://de.wikipedia.org/wiki/Pius_II

bevölkerung tot. Mit den eroberten Schätzen schmückten die katholischen Eroberer ihre Paläste, Kirchen und Kathedralen.

Martin Luther und seine Reformatoren machten es nicht wirklich besser. Zwar hatten sie dafür gesorgt, dass das Seelenheil nicht länger käuflich war, doch menschlicher wurde es mit ihnen nicht. Luther wurde von einem regelrechten Menschenhass und einer unbändigen Todesangst getrieben. Nach seiner Lehre wird einem der Himmel in die Wiege gelegt – oder nicht. Wer Pech hat, der kann sein Leben lang durch gute Taten glänzen und muss dennoch bis in die Ewigkeit in der Hölle schmoren. Anders als die katholischen sind die meisten evangelischen Kirchen nur am Sonntag geöffnet. Besucher können sich nicht alleine zum Gebet sammeln. Wie Juristen und Lehrer durchlaufen die Pastoren eine Beamtenlaufbahn. Die Lehre, die sie vermitteln, ist von allem Überflüssigen befreit und wird von vier *Soli* bestimmt: *Sola fide, sola gratia, sola Christus, sola scriptura*. Nicht gute Werke rechtfertigen den Menschen, sondern allein der Glaube. Nicht das eigene Tun errettet ihn, sondern die Gnade Gottes. Nicht die Tradition der Kirche ist die Grundlage des christlichen Glaubens, sondern die (Heilige) Schrift. So soll gewährleistet werden, dass nichts mehr zwischen Mensch und Gott steht. Kein Schnörkel soll mehr den Dialog mit dem Höchsten stören. Das Göttliche war fortan transzendent und konnte nicht mehr einfach so erfahren werden. Um Gott zu verstehen, muss man ihn studieren.

Einer der großen Unterschiede zur katholischen Kirche ist, dass Frauen bereits seit einigen Jahrzehnten Kirchenämter ausüben dürfen. Nachdem 1944 die letzte Frau in Europa als Hexe verurteilt wurde, ernannte die evangelisch-lutherische Kirche Lübeck im Jahre 1958 erstmals eine Frau zur Pastorin. Im Gegensatz zu ihren männlichen Kollegen musste sie jedoch ledig sein, da Frauen, so die damalige Ansicht, nicht gleichzeitig ihrem Gatten eine gute Ehefrau und der Kirchengemeinde eine gute Seelsorgerin sein können. In anderen Bundeländern mussten die Frauen bis in die 90er-Jahre hinein warten, bis man sie für befähigt hielt, das Wort Gottes zu verkünden.

Doch ob katholisch oder evangelisch: Es gab keine Wiedergutmachung, keine wirkliche Reue für die Irrtümer und Verbrechen, die die Kirche zusammen mit politischen und wirtschaftlichen Entscheidungsträgern begangen hat. Pius XII. wurde nicht dafür zur Rechenschaft gezogen, die Nazis unterstützt zu haben. Die systematischen Vergehen an Kindern werden weiterhin von oberster Stelle gedeckt. Während immer mehr Menschen in die Armut abrutschen, hortet der Vatikan unermessliche Reichtümer. Weiterhin wird der Kirche Roms große Macht zugestanden. Bis heute gilt das Reichskonkordat, das 1933 zwischen Hitler und dem Heiligen Stuhl beschlossen wurde. Die Inhalte, die an unseren Schulen und Universitäten gelehrt werden, unterstehen bis in unsere Zeit hinein der Kontrolle des Vatikans und damit der Männerherrschaft.

Mit der ursprünglichen christlichen Lehre hat das alles nichts zu tun. Sie wurde verdreht, so wie in unserer Zivilisation so vieles verdreht wurde, was einmal Sinn hatte, erhaben war und schön. Diese Entwicklung verschloss uns schließlich nicht nur die Herzen und die Verbindung mit dem Höchsten. Sie entfernte uns gleichzeitig immer mehr auch von der Erde, von ihrer Kraft, ihrer Fruchtbarkeit, ihrem großzügigen Überfluss. Anstatt uns in ihr zu verwurzeln, schufen wir eine Zivilisation der zerstörerischen Dominanz. Es waren die patriarchalen monotheistischen Religionen, die uns glauben machten, das Paradies existiere woanders als da, wo wir sind. Damit lieferten sie den Freifahrtschein dafür, das ursprüngliche irdische Paradies beliebig ausbeuten zu können. Denn niemals hätten wir es zugelassen, die Erde zu vergewaltigen, wenn uns bewusst gewesen wäre, wer sie wirklich ist: unsere Mutter.

ES WAR EINMAL

Geschichte sind die Lügen,
auf die man sich geeinigt hat.
VOLTAIRE

Den gewaltbereiten patriarchalen Strukturen der monotheistischen Religionen, die sich auch in den staatlichen Hierarchien wiederfinden, steht ein Gesellschaftsmodell gegenüber, das das Nährende und Fürsorgliche in den Mittelpunkt stellt. Es hat nicht nur kriegerische Zeiten gegeben. Es gab Epochen, in denen die Dinge anders gelaufen sind. Die Erinnerung daran zeigt, dass es auch ohne Unterdrückung geht, ohne Ausbeutung, ohne Gewalt. Über lange Zeiträume haben die Menschen in Frieden zusammengelebt. Ein harmonisches Miteinander ist möglich. Hier finden wir die Inspiration und Grundlage für eine Zeit, in der auch Mann und Frau einander in einem neuen Verständnis begegnen.

Eine kurze Geschichte der Unterdrückung

Das Weib sei dem Manne untertan. Kaum ein anderes Wort hat die Geschichte der vergangenen Jahrtausende stärker geprägt als dieses. Vorbild für die Unterwerfung der Frau ist die Gestalt Evas. Im biblischen Mythos entspringt ihr Leben nicht dem Leib einer gebärenden Frau, sondern der Rippe eines Mannes. Doch Eva war nicht die erste Frau Adams. Sie hatte eine Vorgängerin: die wilde Lilith. Ein Dämon soll sie gewesen sein. Sie wohnte zunächst im Stamm des Weltenbaumes, dem in vielen Mythologien erwähnten Baum des Lebens. Nachdem dieser von der großen sumerischen Göttin Inanna gespalten worden war, soll Lilith in unbekannte Gebiete geflohen sein. Häufig als geflügeltes Mischwesen dargestellt, als fiktive Chimäre, gilt sie als ruhelos und ohne festen Wohnort. Sie wird dem Wind zugeordnet. Lilith gilt als unrein, als Kobold, als nachtaktives Tier und soll zu den Geistern gehören, die des Nachts die Menschen heimsuchen und den Kindstod verursachen.

Im Alten Testament erscheint Lilith nur einmal, und im Talmud dient sie ihrem Mann als Matratze. Erst die jüdisch-feministische Theologie und die Emanzipationsbewegung befreiten sie von ihrer negativen Konnotation. Nicht Gott hatte sie sich entzogen, sondern der Beherrschung durch Adam. Anders als die eher brave Eva überwand die starke und gebildete Lilith die Versuchung durch den Teufel. Wo Eva in der patriarchalen Tradition Bescheidenheit und Folgsamkeit repräsentiert, verkörpert Lilith Sinnlichkeit, Leidenschaft und ausgelebte Sexualität. Die christlich-patriarchal geprägte Kultur konnte sie nur zu einem Wesen der Nacht abwerten und schließlich ganz verschwinden lassen.

Der Name Lilith jedoch ist in der heutigen Zeit wieder gebräuchlich und erinnert uns daran, dass es einmal eine Zeit gegeben hat, in der Frauen und Männer auf eine andere Weise zusammengelebt haben. Um den Weg dorthin freizulegen, müssen viele Schichten abgetragen werden. Auch sei die Frage erlaubt, ob wir uns im Laufe der Jahrtausende tatsächlich immer mehr emanzipiert haben und freier geworden sind.

Frauen dürfen heute wählen, ein Bankkonto eröffnen und brauchen nicht mehr die Erlaubnis der Männer, um arbeiten zu gehen. Das müssen sie auch. Denn im Gegensatz zu früher reicht ein Ernährer in der Familie nicht mehr aus. Selbstbewusst nehmen wir die Pille und Tampons, treiben ab und wechseln, wenn uns danach ist, beliebig den Sexualpartner. Gesetzlich sind Frauen und Männer gleichgestellt. In manchen Chefetagen sitzen Frauen. Frauen machen Politik und werden Verteidigungsministerin oder Admiralin. Doch nach wie vor gehören sie zu den Benachteiligten der Gesellschaft. Insgesamt arbeiten sie für weniger Lohn als die Männer, erdulden Doppel- und Dreifachbelastungen zwischen Arbeit und Familie, und die neue Armut betrifft vor allem alleinerziehende Mütter.

Ein paar Frauen mischen in der Weltpolitik mit und haben auch in den besserbezahlten Jobs etwas zu sagen. Doch auf der Erfolgsleiter braucht es vor allem Eigenschaften wie Durchsetzungsstärke, Dominanz und Aggressivität. Kooperationsbereitschaft, Nachgiebigkeit und Fürsorge sind im Konkurrenzkampf der Berufswelt nicht gefragt. Hier ist stark besser als schwach, aktiv besser als passiv, laut besser als leise, draufgängerisch besser als zögernd. Wer zu weich ist, zu emotional, zu sensibel, der hat im Job keine Chance. Auch außerhalb des Berufslebens werden Gefühle und das, was uns als Schwäche ausgelegt werden könnte, verdrängt und unterdrückt. Früh verlernen wir, uns so zu zeigen, wie wir uns gerade wirklich fühlen. Später merken wir oft gar nicht mehr, dass etwas wehtut. Unsere Verletzlichkeit versuchen wir mit gespielter Fröhlichkeit, Hyperaktivität, Zynismus, Arroganz, Härte oder Gleichgültigkeit zu verbergen. Niemand soll mitbekommen, wie es uns tatsächlich geht. Wer würde uns so akzeptieren? Verletzt und traumatisiert von Jahrtausenden voller Kriege und Gewalt haben wir alle mehr oder weniger unsere Authentizität eingebüßt.

Unsere Geschichte, so heißt es, begann vor etwa zweieinhalb Millionen Jahren in Ostafrika. Hier soll die Wiege der Menschheit stehen. Hier entstanden der Urmensch *homo habilis* und der das Feuer beherrschende *homo erectus*. Nachdem wir, so wird erzählt, über zwei Millionen Jahre damit verbracht haben, auf Höhlenwänden herumzukritzeln, ging plötzlich alles ganz schnell. Als vor rund 11.700 Jahren die letzte Eiszeit endete, wurden wir sesshaft und erfanden Viehzucht und Landwirtschaft. Seitdem sind wir an unser Hab und Gut gebunden. Vor gut 5000 Jahren erfanden wir Rad und Wagen und etwas später die Zahlen und die Schrift. Es entstanden komplexe Gesellschaften und erste Städte und Staaten. In Mesopotamien und Ägypten gab es erste Hochkulturen. Im fruchtbaren Halbmond, dem nördlichen Rand der syrischen Wüste, entstand alles, was unsere heutige Zeit ausmacht: Bürokratie, Theokratie, die Anfänge von Wissenschaft und Technik, Kalender und Zeiteinteilung, Geldwirtschaft, komplexe Handelsbeziehungen, Kriegsführung und Reichsbildung.

Während der Bronzezeit, die etwa 800 Jahre vor unserer Zeitrechnung endete, entstanden in Europa erste komplexe Herrschaftsgebilde, größere Orte mit starken Befestigungsanlagen und von Kleinkönigen beherrschten Fernhandelsrouten. Es kam zu ersten Handelskriegen. Eisen löste Zinn und Bronze ab, und die Menschen begannen, Waffen bei sich zu tragen. Gefolgschaften junger Männer bildeten sich, die sich zu kriegerischen Zwecken an einen Anführer banden. Das Weltbild wurde rational geprägt. Die griechische Antike, die um 600 nach Christus endete, lieferte bahnbrechende Impulse für Mathematik, Naturwissenschaften und Technik und erfand die Olympischen Spiele, in denen wir uns bis heute aneinander messen.

Kaum hatten wir uns also erhoben, gab es erste Zerfallserscheinungen: Völkerwanderungen, Klimawandel, Hungerkatastrophen, rivalisierende Großmächte, Niedergang des römischen Reiches, Christenverfolgungen, Religionskriege, Kreuzzüge, Sklaverei, Inquisition, Pest, Genozide, Industrialisierung, Umweltzerstörung, Klassenkampf, Massenvernichtungslager, Atombombe, Weltwirtschaftskrise, Globalisierung, globale Erwärmung, Apokalypse. Die Entwicklung des Menschen, wie sie in der Wikipedia dargestellt wird, liest sich wie eine Gruselgeschichte. Schlachten, Aufstände, Kriege, Revolutionen, Epidemien, Elend, Flüchtlingskrise, und dann das Licht am Ende des Tunnels: künstliche Intelligenz und Metaversum. Endlich können wir aufatmen! Es kann doch noch etwas aus uns werden, wenn wir uns nur endlich ganz und gar der Technik überantworten.

In dieser Auffassung bestätigt uns einer der bekanntesten Historiker unserer Zeit: Yuval Noah Harari. Die Sichtweise dieses Spezialisten in mittelalterlicher Militärgeschichte erfährt eine breite internationale Anerkennung. Spitzenpolitiker aus aller Welt und das mächtige Weltwirtschaftsforum unterstützen und fördern seine Arbeit. Sie treiben seine Vision voran, wonach Menschen bereits in Kürze zu *hackable animals* werden: zu Tieren, die gehackt werden können.

Harari prophezeit, dass unser Smartphone in den nächsten Jahren zu einer Art zweitem Gehirn werden wird, das ganz genau weiß, was wir fühlen, wollen und denken.[33] Seine Spezialität ist das Erzählen. Er hat erkannt, dass Menschen nicht in Fakten denken, sondern in Geschichten.[34] Sie sind es, die unser Denken steuern. Wie auch die Unternehmen von Bill Gates sind Hararis Firmen darauf ausgerichtet, »die Probleme dieser Welt zu lösen«. Wie diese Lösung aussieht, darüber lässt er in seinen Erzählbüchern keinen Zweifel: Sie entspricht in etwa der Vision des amerikanischen Schriftstellers Aldous Huxley, Bruder des Eugenikers Julian Huxley. Der Roman *Schöne neue Welt,* eines der meistgelesenen Bücher der Welt und Pflichtlektüre in vielen Schulen, erschien ein Jahr vor der Machtergreifung Hitlers. Seitdem stimmt er uns auf eine düstere Zukunft ein, in der Fiktion und Wirklichkeit sich immer näherkommen. Durch die Manipulation von Embryonen und Föten sowie Indoktrination, Konsum, Drogen und Sex werden Menschen von *Alpha-Plus* bis *Epsilon-Minus* in ein strenges Kastensystem eingeordnet, aus dem es kein Entkommen gibt.

Warnung oder eine Art sich selbst erfüllende Prophezeiung, die uns auf eine düstere Zukunft einstimmt – Huxleys Dystopie

---

33 Der Spiegel Nr. 13, 21. März 2020, S. 111 ff.

34 »*Menschen denken nicht in Fakten …*« In: Die Zeit, 21. Oktober 2021, S. 36.

ist einer der einflussreichsten Romane des 20. Jahrhunderts und hat viele andere Autoren inspiriert. So ist die Wahrscheinlichkeit groß, dass Blockbuster wie *Armageddon, Contagion, The Day After Tomorrow* und die postapokalyptischen Endzeitfilme auf Netflix wirklich Realität werden können. Mit jedem neuen Roman, jedem Katastrophenfilm wird dafür gesorgt, dass sich die Prophezeiung erfüllt.

Am Anfang die Mütter

Es kann anders kommen. Denn es gibt auch andere Erzählungen. Sie zeigen, dass eine andere Geschichte möglich ist. Wir hatten einmal eine Zeit, in der nicht das Erobernde im Mittelpunkt stand, sondern das Empfangende und Schützende, nicht das Unterdrückende, sondern das Wertschätzende, nicht das Ausschließende, sondern das Umfassende: das Mütterliche, das für alle Sorge trägt.

In der patriarchalen Geschichtsschreibung sieht es so aus, als hätten Frauen in der Politik immer schon, wenn überhaupt, nur die zweite Geige gespielt. Abgesehen von Katharina der Großen, Jeanne d'Arc und ein paar Elisabeths dürften den meisten nicht viele weibliche Berühmtheiten bekannt sein. Die einzigen Kapitel, in denen Frauen gesondert Erwähnung finden, sind die Zeiten der Hexenverfolgungen und der Suffragetten. Ansonsten waren sie »Mütter von« oder »Frauen von«, mehr oder weniger attraktive Anhängsel bedeutender Männer. Bestenfalls standen sie nicht mit der Schürze am Herd, sondern waren schön und inspirierten Maler und Dichter. Das hat sich seit dem 20. Jahrhundert geändert. Wir haben Marie Curie, Jennifer Doudna und Emmanuelle Charpentier, die Entwicklerinnen der Genschere CRISPR/Cas. Sie haben sich durchgeboxt in der Männerwelt. Das weibliche Prinzip des Lebensschützenden haben sie dabei jedoch komplett vernachlässigt.

Laut Wikipedia bedeutet der Begriff Patriarchat ein System von sozialen Beziehungen, maßgebenden Werten, Normen und Verhaltensmustern, das von Vätern und Männern geprägt, kontrolliert und repräsentiert wird. Patriarchate werden ebenfalls einige der Verwaltungsgebiete der römisch-katholischen und der orthodoxen Kirchen genannt. Bei dem Begriff Matriarchat ist man sich nicht so sicher. Hier gibt es keine wissenschaftlich allgemein anerkannte Definition. Es bezeichnet Gemeinschaften, in denen alle sozialen und rechtlichen Beziehungen über die Abstammung der mütterlichen Linie organisiert sind. Hierbei handele es sich um mehr oder weniger unrealistische Vorstellungen, um vage Ideen, die auf eine Ahnfrau oder Große Göttin zurückgeführt werden.

Ob Wunschtraum oder Angstbild – Matriarchate konnotieren etwas Unsicheres, Seltsames, Verdächtiges. Glauben wir etwa, die Welt wäre eine bessere, wenn die Frauen an die Macht kommen? Bei diesem Gedanken wird nicht nur dem aufgeklärten Mann, sondern auch manch emanzipierter Frau mulmig. Sollen wir jetzt die Verantwortung tragen? Und was machen wir, wenn es Probleme gibt? Lange konnten wir uns damit herausreden, die Unterdrückten zu sein. Wir konnten versuchen, uns hochzuarbeiten, um selber ein wenig zu unterdrücken. Doch daran, dass wir uns nicht richtig entfalten konnten, waren für viele die Männer schuld. Sie haben uns daran gehindert, unser Potenzial zu entwickeln, und uns gezwungen, Korsett zu tragen. Frauen sind die Opfer der Geschichte. Und nun sollen wir aus unserem Schatten heraustreten? Lilith klingt ja ganz schön. Aber die Vorstellung, nicht mehr unten zu liegen, macht beiden Geschlechtern Angst.

Entgegen der gängigen Vorstellung, man müsse bei der Definition nur ein *Pa* gegen ein *Ma* austauschen, hat Matriarchat nichts mit *Herr*schaft zu tun. Hier geht es nicht darum, aus der Herren- eine Damentoilette zu machen, sondern um die komplette Abschaffung von Herrschaft und Dominanz. Dieser Gedanke ist für viele unerhört. Zurück zu den Wilden etwa? Anarchie? Oder wie soll das gehen? Wohin soll das führen? Wir haben doch gesehen, dass wir uns gegenseitig die Köpfe einschlagen, wenn man uns an der zu langen Leine lässt. Wir brauchen doch die starke Hand, die uns leitet. Was würde geschehen, wenn es im Dschungel keinen Herrscher gäbe? Was macht die Mütter überhaupt so besonders, dass sie für den weiteren Verlauf unserer Geschichte so wichtig sein sollen? Was bedeutet Empfängnis in einer Zeit, in der es Leihmütter, Insemination, In-vitro-Fertilisation, Intrazytoplasmatische Spermieninjektion und Intratubaren Gametentransfer gibt?[35] Welche Bedeutung hat die Mutter im Leben eines Menschen?

Bevor wir auf die Welt kommen, verbringen wir neun Monate im Bauch der Mutter. Keine Bindung ist enger als diese. Die Mutter ist es, die uns in den ersten Lebensmonaten nährt und in ihren Armen hält. Sie wärmt und versorgt uns und gibt uns ihre Sprache: Muttersprache. Väter können das auch. Auch Männer können sich liebevoll und achtsam um Kinder kümmern. Doch ein Säugling braucht natürlicherweise die Brust der Mutter. Diese Beziehung hat nichts mit Dominanz zu tun, sondern mit Großzügigkeit für alle. Sie bedeutet Fürsorge, Pflegen, Zärtlichkeit, bedingungslose Liebe. Letztlich verkörpert sie das Paradies, nach dem wir uns alle sehnen, und erinnert uns daran, dass es diesen Ort des Friedens, der Vollkommenheit und der Geborgenheit immer noch gibt. Mütterlichkeit hat kein Geschlecht und ist nicht daran gebunden, ob wir selber Kinder haben oder nicht. Wir alle können andere Menschen pflegen und

---

35 https://www.g-ba.de/themen/methodenbewertung/ambulant/kuenstliche-befruchtung/methoden/

achtsam begleiten. Steht sie im Zentrum einer Gemeinschaft, ist für alle gesorgt. So ist Mütterlichkeit alles andere als Frauensache. Sie betrifft uns alle. Sie schließt niemanden aus und bezieht alle mit ein. In einer Gesellschaftsform, die sie in den Mittelpunkt stellt, ist niemand einem anderen über- oder untergeordnet. Jeder hat seinen Platz und seine besondere Aufgabe, jeder ist einzigartig und unvergleichlich.

Es klingt zu schön, um wahr zu sein. Und doch: Es hat sie gegeben, diese Art des gleichberechtigten und friedlichen Zusammenlebens. Forscherinnen wie Heide Göttner-Abendroth, Claudia von Werlhof, Gerda Weiler, Doris Wolf oder Vera Zingsem beschäftigen sich mit Gesellschaftsformen, die nicht auf Konkurrenz, sondern auf Kooperation basieren. »Am Anfang die Mütter« übersetzt Heide Göttner-Abendroth den Begriff Matriarchat. Frauen und Männer dienen gleichermaßen dem mütterlichen Prinzip des Lebensschenkens und des Lebensempfangens.

Matriarchal orientierte Gemeinschaften, in deren Zentrum das Schenken steht und die in Frieden und ausgeglichenem Wohlstand zusammenleben und die Zyklen des Lebendigen respektieren, gibt es bis heute. Zu ihnen gehören unter anderen die Mosuo in China, die Minangkabau in Indonesien, die Khasi in Indien, die Tuareg in Afrika, die Irokesen und die Hopi in Nordamerika, die Juchiteken in Mexiko und die Aborigines in Australien. Nur in Europa wurde das Matriarchat vollständig ausgerottet. Allein einige Schriften der Basken, Bretonen und Balten sind der Zerstörung entgangen und erinnern daran, dass es überall Matriarchate gegeben hat. Die noch bestehenden Matriarchate sind nicht immun gegen die Einflüsse der sie umgebenden patriarchal ausgerichteten Welt. Doch die bloße Tatsache, dass sie dennoch in Ansätzen weiter existieren, macht deutlich, was möglich ist.

Hierarchien wie im Patriarchat gibt es nicht. Alle leben in einem Clanhaus zusammen: die Mutter mit ihren Brüdern und Schwestern, Söhnen und Töchtern. Die Väter der Kinder wohnen im Hause ihrer eigenen Mutter mit deren Geschwistern und Nachkommen. Die Paare sind nur über Nacht beieinander. Ehen können einfach geschlossen und wieder aufgelöst werden und halten so lange, wie die Liebe hält: ein paar Wochen, ein paar Monate, ein paar Jahre, ein ganzes Leben. Beide Geschlechter genießen sexuelle Freiheit. Da jeder im jeweiligen Mutterhaus zu Hause ist und hier versorgt wird, gibt es keinen Streit wegen materieller Abhängigkeiten. Für die Kinder gibt es keine Probleme bei einer Trennung, denn die soziale Vaterschaft der männlichen Verwandten der Mutter steht über der biologischen Vaterschaft. So sind Männer und Frauen frei für die Liebe. Der biologische Vater ist nicht für die Versorgung der Frau und ihrer Kinder zuständig, und die Frau ist nicht Hausfrau, Mutter, Zuverdienerin, Gastgeberin, Krankenschwester und Sexbombe in einem. Männer und Frauen sind das füreinander, was sie ursprünglich sind: Liebende.

Alle Politik entsteht im Clanhaus. Hier – und nur hier – werden die Regeln des Zusammenlebens entschieden. In dieser Kleinstruktur kann jeder zu Wort kommen. Bei Regelungen, die größere Zusammenschlüsse angehen, werden die im Clanhaus getroffenen Entscheidungen an die verschiedenen Räte weitergegeben: Siedlung, Dorf, Stadt, Region. Darüber hinaus gibt es nichts. Das künstliche und unüberschaubare Gebilde Vater Staat existiert nicht in matriarchalen Lebensgemeinschaften. Land, Häuser und Lebensmittel befinden sich in den Händen der Frauen. Sie sorgen für die gerechte Verteilung aller Güter. Versorgungsart ist eine Subsistenzwirtschaft aus Garten- oder Ackerbau, die den Clans ein weitgehend autarkes Leben ermöglicht. Produziert wird ausschließlich nach Bedarf. Geld wird so gut wie nicht gebraucht. Entsprechend gibt es keine Abhängigkeiten schaffenden Schulden und Zinsen.

Die Ökonomie der Feste und des Schenkens sorgt für eine gerechte Verteilung der Güter und Reichtümer. Wer hat, der nimmt sich nicht noch mehr, sondern gibt und erhält dadurch soziales Ansehen und Ehre. Wenn es einem Clan schlecht geht, ist es selbstverständlich, dass ihn die anderen unterstützen. So kommt keine Angst vor Mangel auf. Eigenschaften wie Gier, Neid, Eifersucht, Geiz oder Verschwendungssucht, das Schmieröl patriarchal ausgerichteter Ökonomien, werden damit nicht genährt. Wer weiß, dass für ihn gesorgt ist und er seinen Platz in der Welt hat, der kann sich andere Herausforderungen im Leben suchen als die, andere Menschen zu überlisten oder kleinzumachen.

Das matriarchale Denken richtet sich an der Natur aus. Kosmos und Erde sind weiblich und werden als Schöpfergöttinnen verehrt. Die gesamte Gesellschaft wird von spirituellen Werten durchzogen. Das Göttliche ist nicht wie im Patriarchat transzendent, irgendwo da oben, sondern hier und jetzt im Alltag präsent. Die Verehrung der Göttin Erde prägt die Ökonomie, die Achtung vor der Verschiedenartigkeit der Menschen und die Politik. Das Paradies ist kein ferner Ort, in dem man irgendwann für seine guten Taten belohnt wird. Es ist direkt hier und wird entsprechend behandelt.

Alles auf der Erde hat eine Seele, und jede Tat ist Teil einer spirituell-symbolischen Ordnung, deren Konsequenzen jeder in seiner Verkörperung zu spüren bekommt. Die Menschen wissen, dass jedes Unrecht früher oder später zu ihnen zurückkommt, denn sie glauben an die Wiedergeburt. Kinder werden als wiedergeborene Ahnen gesehen und entsprechend gewürdigt. Jedem Alter kommt Ehre zuteil, und jeder Anlass bietet eine Gelegenheit zu feiern. Rituale durchziehen den Alltag und bieten immer wieder Möglichkeiten, sich zu besinnen.

Im nichtdualistischen Weltbild des Matriarchats gibt es keinen peniblen Erbsenzähler, keinen Aufpasser, der die Rechtschaffenen belohnt und die Abtrünnigen bestraft, kein »Gut« und kein »Böse«. Menschen irren sich und machen Fehler. Das ist alles. Das Leben ist dazu da zu lernen und die Fehler zu korrigieren.

Zurück in die Steinzeit

Die wenigsten sind bereit, sich von diesem Lebensmodell inspirieren zu lassen. Die Vorstellungen eines lebendigen Matriarchats machen denen Angst, die von Machtstrukturen profitieren. Der Theologe und Therapeut Lothar Beck beobachtet, dass manche Männer ihre Männlichkeit nur im Rahmen einer patriarchal garantierten Dominanz gegenüber Frauen erfahren können. Sie glauben, erst dann Bedeutung zu haben, wenn sie Macht und Kontrolle über andere ausüben können.[36] Diese Tendenz hat sich im Laufe der Jahrhunderte und Jahrtausende immer weiter verfestigt. Aus der Sicht von Lothar Beck ist im patriarchal ausgelegten christlichen Schöpfungsmythos die gesamte Folgeentwicklung bereits angelegt: die negative Weltsicht, die Herrschaftsstrukturen, die Gehorsamskultur, die Abwertung

---

36 Lothar Beck: *Die Weisheit der Mütter. Heilsame Impulse aus dem Matriarchat*, Neue Erde 2017.

der Frau, der Dualismus von Gott und Teufel, die Tabuisierung des Todes, die Überzeugung von der eigenen Schuld und die Angst vor väterlicher Strafe. Mit der Erfindung des Monotheismus ist die Welt zu einem Kampfplatz geworden. Während das polytheistische Frühpatriarchat der Germanen, Kelten, Griechen und Römer den Frauen noch Bereiche wie Geburtenregelung, Geburtshilfe, Kräuterheilkunde, Krankenpflege, Sterbebegleitung und Trauerkultur ließ, wurden diese Kompetenzen im Hochpatriarchat systematisch vernichtet.

Ideologie, Gesetz und Hierarchie bilden das Zentrum des patriarchalen Monotheismus. Hieraus erwächst die Grundlage der wirtschaftlichen, politischen, militärischen und religiösen Strukturen der modernen Gesellschaft: Konkurrenzkampf, Krieg, Kolonialismus, Imperialismus, Ausbeutung der Natur, Abwertung und Instrumentalisierung der Frau. Ganz oben auf der Leiter steht der Herrgott, eine Art Weltraumgendarm, dessen unerbittliches Auge alles überwacht. Wie sein Gott ist auch der Patriarch immer nur gütig zu seinen gehorsamen Kindern. Die ungehorsamen werden bestraft.

Die männliche Gewalt zielt prinzipiell in drei Richtungen. Sie richtet sich gegen die männlichen Konkurrenten, gegen die Frauen und Mütter und gegen Mutter Natur. Unsere gesamte Gesellschaft ist tief von dieser Gewalt durchdrungen und dadurch schwer traumatisiert. Anerkennung, Respekt und Liebe gibt es nicht umsonst. Wir müssen uns alles erst verdienen und mehr oder weniger teuer bezahlen. Das, was wir uns mühsam erarbeitet haben, um uns vom Vater akzeptiert und geliebt zu fühlen – eine gute Stellung, ein hohes Gehalt, eine Machtposition –, wollen wir um keinen Preis verlieren. Entsprechend empfinden viele Menschen die Idee eines Matriarchats als etwas Bedrohliches, als etwas, was ihnen den Boden unter den Füßen wegreißt und die Orientierung nimmt. Sie interessieren sich nicht dafür, dass es in matriarchalen Lebensformen so gut wie keine Gewalt und keinen Krieg gibt. Vor allem emotional an den Vater gebundene Menschen brauchen besonders viel Mut, um sich mit dem Thema Matriarchatsforschung zu beschäftigen. Ob Frau oder Mann: Oft ziehen sie es vor, zu verspotten und zu minimalisieren, was vor allem Frauen in der Archäologie, Theologie, Soziologie und Sprachforschung herausgefunden haben.

Die matriarchal orientierte Solidargemeinschaft garantiert acht Lebensrechte von vitalem menschlichem Interesse: das Recht auf Heimat, das Recht auf Arbeit und Zusammenarbeit, das Recht auf Feste und Feiern, das Recht auf Bindungssicherheit, das Recht auf freie Partnerwahl, das Recht auf Visionen, das Recht auf ein liebevoll begleitetes Sterben und das Recht auf Versöhnung und Wiedergutmachung, wenn vorgenannte Lebensrechte verletzt werden. Hierbei geht es nicht um Moral.

Diese gehört zum Patriarchat, um die größten Kollateralschäden zu vermeiden. In der matriarchalen Ethik geht es um Weisheit und Erkenntnis, die Grundlage für Lebenskontinuität und Zusammenhalt.

Wie weit unsere Gesellschaft von den fundamentalen Lebensrechten der Mutterordnung entfernt ist, sehen wir heute an den vielen Vertriebenen und Heimatlosen, an der zunehmenden Arbeitslosigkeit, an der Zerstörung von Bindungen, am einsamen Sterben in Spezialeinrichtungen und am Blockieren von gegenseitigem Verständnis, Versöhnung und Wiedergutmachung. Wir müssen sehr weit zurück in unserer Geschichte, um an die Zeit heranzukommen, die lange vor dem begonnen hat, was wir Hochkultur nennen. Wir müssen in die Höhlen der Steinzeit zurück, in die früheste Epoche der Menschheitsgeschichte, dorthin, wo die Fürsorge das Leben in der Gemeinschaft bestimmte.

Die Historikerin Doris Wolf zeigt auf, dass es in der Steinzeit hochentwickelte Kulturen gab, die sich durch harmonisches Zusammenleben auszeichneten.[37] Neolithische Siedlungen verfügten nach ihrer Erkenntnis über keine Waffen, keine Schutzmauern und keine Verteidigungsanlagen. Man fand keine Anzeichen von menschlichem Streit oder menschlichen Ge-

---

37 Doris Wolf: *Das wunderbare Vermächtnis der Steinzeit und was daraus geworden ist,* BoD 2017.

walttätigkeiten. Die Menschen führten keine Kriege und kannten keine Tyrannei und Unterdrückung. Es wurde nicht gejagt. Deshalb brauchte es auch keine Waffen. Unsere Vorfahren lebten hauptsächlich von Körnern, Früchten, Nüssen und Wassertieren. Gejagt haben erst die indoeuropäischen Eroberer, die zunächst in Europa eindrangen und an der Wende vom 4. ins 3. Jahrtausend vorchristlicher Zeit in Mesopotamien und Ägypten die Macht der friedlichen matriarchalen Frauenkulturen an sich rissen. Die neuen Tyrannen begannen, sich selbst zu Göttern zu erheben, und ersetzten die alten Sonnenkulte durch Kriege, Eroberungen, Sklaverei und Unterdrückung. Diese Barbarei ist es, die heute in den Museen der ganzen Welt bestaunt wird.

Die urgeschichtliche Zeit, so Doris Wolf, wird meist vollkommen unterschätzt, einseitig interpretiert und fast immer als unwichtig abgetan. An den ältesten sakralen Orten der Erde stand eindeutig die Weiblichkeit im Zentrum der göttlichen Verehrung. Unzählige Felsgravuren zeugen davon, Malereien, Statuetten und Gebilde. Alle sind der Verehrung der großen Mutter gewidmet, der Leben schenkenden Göttin. In über 20 Millionen Werken auf allen Kontinenten wurden während 40.000 Jahren ausschließlich Frauenkörper und als Regenerationssymbole geltende Vulven repräsentiert. Das Dreieck, die symbolhafte Darstellung des Schoßes der Frau, ist in den ersten menschlichen Kulturen omnipräsent. Hinweise auf die Verehrung männlicher Gottheiten gibt es hingegen nicht. Bis vor 5000 Jahren gab es keinen einzigen männlichen Gott. Europaweit wurden nicht einmal zehn vorgeschichtliche Phalli gefunden.

Der Anteil des Mannes an der Fortpflanzung war lange nicht bekannt. Zwischen Koitus und Geburt liegt eine lange Zeitspanne, und Geschlechtsverkehr wurde mit wechselnden Partnern praktiziert. Entsprechend war die biologische Vaterschaft in den matriarchal geprägten Gemeinschaften der Steinzeit irrelevant. Sie wurde erst viel später erkannt und kann erst seit Erfindung der Gentests überhaupt zuverlässig ermittelt werden. Empfängnis und Geburt waren ein Mysterium. Bis heute liegt das geheime Wissen um die Vaterschaft bei den Frauen.

Die geringe Bedeutung des Männlichen während der frühesten und längsten Epoche der Menschheitsgeschichte war den überwiegend männlichen Geschichtsschreibern der Neuzeit ein Dorn im Auge. Sie sahen in den feinen tropfenförmigen Amuletten Speerspitzen und in den ersten von Menschenhand geschaffenen Artefakten Werkzeuge wie Hammer, Schneider, Schaber, Kratzer und Bohrer. Die symbolische Darstellung des lebensspendenden weiblichen Schoßes konnten und wollten sie nicht erkennen.

Laut Doris Wolf gibt es kein Artefakt aus der Altsteinzeit, das von der patriarchalen Wissenschaft nicht als Waffe interpretiert worden ist. So konnte in den Köpfen der männlichen Forscher die Idee vom großen Jäger der Urzeit wachsen und gedeihen. Dies sei jedoch, so die Psychologin Gerda Weiler, eine populäre Fehleinschätzung, die nicht den Tatsachen entspricht. Sie entspränge romantischen Männerfantasien von einem gefahrenumwitterten Busch, beutereichen Wasserstellen, endlosen Savannen, lebenslanger Kameradschaft und Abenteuern von früh bis spät. Die Fülle der Funde lässt nicht auf Jagd, Kampf und Eroberung schließen, sondern auf kreative Talente und eine große Freude an künstlerischer Tätigkeit. Hier waren nicht primitive Machtmenschen am Werk, aggressive Barbaren, kriegsbegeisterte Waffennarren und tötungslustige Jäger, sondern Menschen, die in Frieden, Freiheit und innerer Ausgeglichenheit gelebt haben und deren tiefe Spiritualität der Mittelpunkt ihres Lebens war.

Doch so soll es nicht gewesen sein. Immer wieder wurde die weibliche Schöpferkraft heruntergespielt. In den Göttinnen der Steinzeit erkannte man bestenfalls die Venus, die die männliche Lust anregte, oder Fruchtbarkeitssymbole, um den materiellen Wohlstand anzukurbeln. Nie darf es etwas anderes gegeben haben, das göttlich verehrt wurde, als das Männliche. Systematisch wurde jede weibliche Symbolik unterdrückt. Das ägyptische Udjat-Auge, das für Schutz, Kraft, Gesundheit, Leben und Glück stehende allessehende Auge der Göttin Isis, wurde von der Priesterkaste usurpiert und zum »Auge des Horus«, des erobernden Gottes. Der altägyptische Pharao Echnaton machte aus dem ursprünglich weiblichen Ankh-Kreuz, Symbol des Lebens, das Zeichen einer neuen Vaterreligion. Auch das in die Felswände gravierte matriarchale Kreuz wurde usurpiert und von den christlichen Staatskirchen zum Marterpfahl stilisiert, zum patriarchalen Symbol des Leidens und des Todes. Aus dem einstigen Symbol des Lebens, dem tragenden Prinzip des Kosmos, wurde die voyeuristische Veranschaulichung patriarchaler Nekrophilie.

Durch die Zerstörung des Matriarchats geriet nicht nur der Wert des Mütterlichen in Vergessenheit. Wir stürzten in Leere und Depression, verloren unser natürliches Einfühlungsvermögen und wurden herzlos und hart. Unsere Kinder konnten nicht mehr in dem Gefühl bedingungsloser und umfassender Liebe aufwachsen und gaben ihren Schmerz an ihre Kinder weiter. Von Generation zu Generation setzte sich das Leid fort. In aller Welt verursachten patriarchale Regierungen Elend, Verzweiflung, Schrecken und Hoffnungslosigkeit durch Gewalt, Krieg, Unterdrückung, Ungerechtigkeit, Ausbeutung, Habgier, Korruption, Vorschriften und unmenschliche Gesetze. Die Hierarchien und Machtstrukturen des Patriarchats haben uns verdummt, entrechtet, desensibilisiert, hirngewaschen und unsere Wahrnehmung vergiftet.

Das ist die eigentliche Krankheit, an der wir heute leiden: die fortschreitende und schmerzhafte Entfremdung vom Ursprünglichen, Wesentlichen, Lebensschützenden. Heilung wird systematisch behindert. Eine echte und unabhängige Forschung und Bildung, die das alte Wissen wieder belebt, gibt es so gut wie nicht. In den staatlich abhängigen Bildungseinrichtungen wird fast ausschließlich patriarchales Wissen vermittelt. Der ständig zunehmende Examensdruck lässt kaum Zeit für eigene Gedankengänge. Die Reduktion auf *die* Wissenschaft blockiert die Forschung abseits des Mainstreams. So werden wir zu Fachidioten herangezogen, blind für die Vorgänge des Lebens. Ein Entkommen ist kaum möglich. Wer Karriere machen will, muss sich unterwerfen. Eine Forschung, die die gesellschaftlich verordneten Denknormen hinter sich lässt, ist geradezu unerwünscht.

An allen Fronten wird dafür gesorgt, dass Männer und Frauen entzweit bleiben. Denn wenn wir nicht mehr zueinanderfinden, wenn Mütter und Väter nicht mehr gemeinsam Eltern werden, wenn der Bezug zur Mutter Erde nicht mehr da ist, dann ist das irdische Paradies unwiderruflich verloren. Dann haben die Kräfte gewonnen, die das natürliche durch das künstliche Leben ersetzen wollen. Dann löst die Produktion die ursprüngliche Schöpfung ab. Die synthetische Biologie ersetzt die Geburt, und die digitale ID übernimmt die Kontrolle über den Menschen.[38] Angetrieben vom weltbeherrschenden digital-finanziellen Komplex werden uns die künstlichen biochemischen

38 https://id2020.org/

Systeme in die Körper implantiert. Über Metaverse, Mikrochips, Gesichtserkennung, Fingerabdrücke und Bewegungsprofile sind wir ständig abrufbereit, immer connected, immer up to date. Die Welt wird digital, in Einzelschritte aufgelöst, zwischen 0 und 1, on oder off. Zwischentöne gibt es nicht mehr. Nach dem eindimensionalen Strichcode, den wir auf unseren Waren finden, erhält jeder Mensch den zweidimensionalen QR-Code, der darüber entscheidet, ob er am öffentlichen Leben teilnehmen darf oder nicht. Wenn die Mütter nicht mehr am Anfang stehen und die Väter sie beschützen, dann ist es mit dem Menschen vorbei. Dann berührt der Finger Gottes auf dem Gemälde Michelangelos in der Sixtinischen Kapelle die Hand eines leblosen Roboters.

ON THE ROAD

Niemand ist mehr Sklave, als der sich für frei hält, ohne es zu sein.

Johann Wolfgang von Goethe

Männer und Frauen sind jetzt gemeinsam gefragt. Wenn das männliche und das weibliche Prinzip erneut zusammenwirken, wenn wir zusammenhalten, dann kann die künstliche Intelligenz nicht die Macht übernehmen. Dem megatechnischen Pharao wird die Substanz entzogen, und was er einst zu seinem Tempel auserkoren hat, wird zu seinem Grab. Die Machtpyramide wird zusammenbrechen und die Pyramide wieder zu dem, was sie ursprünglich war: ein Bestandteil der schöpferischen Geometrie. In der heutigen Zeit, auf der Schwelle zwischen dem Tod eines alten Systems und der Geburt eines neuen, entscheidet sich der weitere Weg.

Im Geburtskanal

Im Tarot ist die Karte des Todes eine Karte ohne Namen. Sie folgt direkt auf den Gehängten. Der Tod ist der Archetyp einer grundsätzlichen und radikalen Transformation. Etwas ist unwiderruflich vorbei. Eine Tür schließt sich, damit eine andere sich öffnen kann. Das befreite, authentische Selbst überwindet das Ego, den Teil in uns, der so viel Schmerz und Leid erzeugt. Denn das Ego weiß nichts von Verbundenheit. Es vergleicht, wertet, verurteilt, beschuldigt, kämpft, trägt nach. Immer hat es Angst, nicht genug zu sein, nicht gut genug, nicht stark genug, nicht schnell genug, nicht wert, geliebt zu werden. Scham und Minderwertigkeit hießen die Paten, die an seiner Wiege standen. Aus dem Mangel geboren, kann es niemals satt werden. Unstillbar bleibt sein Hunger nach Anerkennung und Bestätigung.

Nun hat seine Stunde geschlagen. Die Karte des Todes sagt dem Reisenden, dass er diese Verhüllung nicht braucht, diese Schicht, die ihn hart und misstrauisch macht, die ihn von der Fülle trennt und vom Wissen um die Verbindung mit allem, was lebt. Der Königsweg führt über die Entscheidung, nicht das Ego das Leben bestimmen zu lassen. Wir erkennen, wo wir uns abgetrennt und von uns selbst entfremdet haben. Wir sehen, wohin uns unsere Konditionierungen und Gewohnheiten gebracht haben, unsere Ängste und das Gefühl der Unzulänglichkeit und der Ohnmacht. Klar hat der Reisende vor Augen, wohin ihn die Entwicklung der vergangenen Jahrtausende gebracht hat: Das, was er für Fortschritt hielt, war in Wirklichkeit ein Rückschritt. Von Anfang an haben wir uns täuschen lassen und uns von unseren Wurzeln abgeschnitten. Wir haben unsere Mutter vergessen. Doch sie hat uns nicht vergessen. Die Mutter Erde sorgt für uns, trotz allem. Großzügig stellt sie uns ihre Schätze zur Verfügung und schenkt uns, was wir zum Leben brauchen. Ihre Liebe ist an keine Bedingung geknüpft. Doch ihre Kräfte sind begrenzt. Ihr geschändeter Leib erleidet Schmerzen. Sie stöhnt und windet sich. Die Erde bebt. Die Wasser steigen. Stürme toben. Vulkane brechen auf. Die Elemente sind in Bewegung geraten. Was lange im Verborgenen schwärte, tritt jetzt hervor. Es ist ein Wirken im Gang, das den Anfang eines neuen Lebens verheißt.

Der Philosoph Charles Eisenstein vergleicht die Ereignisse, die sich zurzeit auf dem Planeten abspielen, mit einem Geburtsprozess.[39] Er stützt sich auf das Konzept der perinatalen Matrizen des Psychotherapeuten Stanislav Grof, das die Geburt in vier Stufen einteilt. Wir befinden uns in der letzten Phase dieses Prozesses. Nach der uterinen Glückseligkeit, vergleichbar

---

39 Charles Eisenstein: *Die Renaissance der Menschheit: Über die große Krise unserer Zivilisation und die Geburt eines neuen Zeitalters,* Scorpio 2012.

mit dem ursprünglichen Paradies, das zu eng wurde, tritt der Mensch den Weg in den Geburtskanal an. Von allen Seiten wirken die Kräfte auf ihn ein. Die Kontraktionen sind eine Herausforderung für Mutter und Kind. Doch sie sind notwendig, um den Weg nach außen zu ermöglichen. Es gibt kein Zurück mehr. Die alte Normalität ist nicht mehr.[40]

In diesem Prozess sind wir Mutter, Hebamme und Neugeborenes zugleich. Wir wissen nicht, was uns erwartet, und sehen noch nicht das Licht auf der anderen Seite des Tunnels. Doch nur, wenn wir uns aus dem einengenden Kokon des Vergangenen herausschälen, werden wir bereit für das Neue. Nur eine radikale seelische Veränderung kann uns aus den Fängen der megatechnischen, transhumanen Ideologie befreien. Der Druck, den wir gerade von allen Seiten erfahren, ist notwendig, um alle uns zur Verfügung stehenden Ressourcen zu aktivieren. Wir würden uns nicht in Bewegung setzen, wenn es nur ein bisschen ungemütlich für uns wäre. Rasch würden wir wieder in die alten Gewohnheiten verfallen. Bis tief in uns hinein müssen wir fühlen, dass etwas unwiderruflich vorbei ist. So wie es war, so geht es nicht mehr weiter. Die alte Matrix nährt uns nicht mehr. Wir sind ihr entwachsen. Die Kraft für den Eintritt in etwas, was wir zunächst als eine bedrohliche Leere empfinden, erhal-

---

40 https://charleseisenstein.substack.com/p/time-to-push?r=qlfno&utm_campaign=post&utm_medium=email&utm_source

ten wir dadurch, dass wir bis in unser tiefstes Inneres durchgeschüttelt werden. Dieses Chaos, in das wir fallen, ist kein zerstörerisches. Es ist nicht darauf ausgerichtet, uns zu vernichten. Es ist ein neuer Raum, der sich für uns eröffnet, und der nichts zu tun hat mit der künstlichen Ordnung, die der alte Fortschritt immer weiter vorantreibt.

Um den Geburtsprozess heil zu überstehen, ist es notwendig, an die alten Verletzungen, die wir wie in einem Rucksack mit uns herumtragen, heranzutreten. Jetzt ist die Gelegenheit dazu. Ob wir es wollen oder nicht: Was sich lange verbergen konnte, tritt jetzt ans Licht. Wir können die Augen nicht mehr davor verschließen. Fassen wir Mut und schauen wir uns an, was auch aus ganz alten Zeiten hochkommt. Nehmen wir die Gefühle an, die in uns ausgelöst werden. Weisen wir die Boten nicht zurück. Versuchen wir nicht, uns abzulenken oder das Gefühlte zu überdeckeln. Treten wir vorsichtig und achtsam an den Schmerz heran wie eine liebevolle Mutter an ihr weinendes Kind. Es tut weh. Doch es wird nicht dauern. Es geht vorbei. Die Wunde wird verheilen. Das Leben ist darauf ausgerichtet, dass alles immer wieder ins Gleichgewicht kommt. An dieser Stelle werden wir vielleicht empfindlich bleiben. Doch damit können wir leben.

Wenn es uns gelingt, den Rucksack zu öffnen, so die Kulturwissenschaftlerin Hildegard Kurt, kann sich die Resonanz des Vergangenen in uns wandeln.[41] Erst wenn wir uns unseren alten Schmerz ansehen, können wir an unsere Ressourcen kommen, an das uns innewohnende Potenzial, an das, was uns zu schöpferischen Wesen macht. Bei diesem Prozess stehen uns drei Fähigkeiten zur Seite: unsere Intuition – die Fähigkeit des unmittelbaren Schauens –, unsere Inspiration und unsere Imagination. Mit ihrer Hilfe brechen wir die Gitter des Käfigs auf, dessen Stäbe wir aus unseren alten und einengenden Vorstellungen selbst geschmiedet haben. Wir treten in die Freiheit wie Sonnen, die in alle Richtungen ausstrahlen. Diese Sonnen fressen sich nicht gegenseitig auf. Sie existieren alle nebeneinander, miteinander, und sie stören sich gegenseitig nicht. Jede von ihnen leuchtet so, wie es ihr entspricht, und wird durch nichts begrenzt.

Was sich in diesem neu entstandenen Möglichkeitsraum gestaltet, funktioniert, so Hildegard Kurt, ohne Chef, ohne Guru, ohne einheitliche Weltanschauung, ohne fertiges Konzept, ohne Manifest, ohne Programm, ohne Herrschaft, ohne Hierarchien. Aus einer offenen Mitte heraus entwickelt sich das, was in der Systemtheorie als Emergenzphänomen bezeichnet wird: Aus dem Chaos heraus entsteht eine neue, sich selbst organisierende Ordnung.[42] Neue Erkenntnisquellen tauchen auf,

41 https://www.youtube.com/watch?v=AwgwM2rA3AU

42 https://www.spektrum.de/lexikon/psychologie/emergenz/4021

neue Qualitäten, die zu einer höheren Seinsstufe führen. Diese Erkenntnisse sind nicht vorhersehbar und nicht kalkulierbar. Wir können nicht wissen, was geschehen wird. Genau dieses Nichtwissen ist die Voraussetzung dafür, dass das Neue kommen kann, das, was wir eben noch nicht kennen. Wie die natürliche Geburt ist das Erreichen höherer Bewusstseinsstufen nicht wie eine Klonung das bloße Kopieren und Addieren von etwas Bestehendem, eine endlose Wiederholung des Immergleichen. Es handelt sich um keine Gleichung, nach der aus eins und eins zwei entsteht. Bei einem natürlichen Schöpfungsprozess machen eins und eins drei. Wie das neugeborene Kind ist das neu Entstehende mehr als die Summe aus dem Alten. Es ist Mysterium, ein Wunder.

Diesem Wunder schreiten wir allein entgegen. Doch wir sind nicht allein. Wir können es jetzt ganz deutlich spüren: Wir sind all-eins. Wir sind mit allem verbunden, eins mit der Natur, eins mit allen Lebewesen, eins mit uns selbst. Auf dem Weg durch das Nadelöhr dieser Erkenntnis stehen uns die zur Seite, die uns vorangegangen sind: unsere Ahnen. Generationen von Vorfahren stehen hinter uns, über die das Leben zu uns gekommen ist. Sie haben die Flamme des Lebens weitergereicht, bis sie bei uns ankam. Lassen wir sie jetzt nicht erlöschen und durch künstliches Licht ersetzen. Geben wir denen, die uns vorangegangen sind, die Ehre und tragen wir das Licht des Lebens weiter.

Neugeburt

Jeder Mensch, der heute auf der Erde lebt, ist wie ein Teil eines Baumes, dessen Wurzelwerk sich weit im Erdreich verzweigt. Generation verbindet sich mit Generation. Zusammen bilden diejenigen, die uns vorangegangen sind, den Boden, auf dem wir heute wachsen dürfen. Was würden sie uns heute sagen? Was würden sie jetzt tun? Hören wir genau hin. Wir brauchen sie jetzt. Wir brauchen jetzt unsere Wurzeln.

Voller frischer Kraft und Zuversicht schreitet der Reisende aus. Das Leben ist mit ihm. Alles, was ihm auf seinem Weg begegnet, hilft ihm dabei, voranzukommen. Auch die Hindernisse. Allen spricht er seine Dankbarkeit aus. Der Magier gab ihm das nötige Werkzeug in die Hand. Der Gehängte hat ihm Zeit zum Betrachten gegeben und ihn auf die Wende vorbereitet. Der Tod lehrte ihn die Hingabe an die Veränderung. So ist er bereit für das, was die christliche Kosmologie die Apokalypse nennt: Enthüllung, Offenbarung. Kein grausamer Akt der Zerstörung ist hiermit gemeint, sondern die Aufgabe, die Schleier zu heben und sich anzusehen, was war und was ist.

Die Show geht zu Ende. Der Voranschreitende schaut sich an, was Menschen Menschen angetan haben. Er sieht Menschen auf der Flucht, sieht, wie sie beraubt werden, vergewaltigt, versklavt, gemordet. Abscheuliches Unrecht, unbeschreibliche Gewalt ist so vielen von uns zugefügt worden und wird es noch.

Armut sieht er und Hunger, gequälte Kinder, um Gnade flehende Mütter. Kriegshorden ziehen plündernd durch das Land, foltern, zerstückeln, verstümmeln, verbrennen. Zerrissene und zerfetzte Körper lassen sie hinter sich zurück, deren Blut tief in den Boden dringt. Die Erinnerung an sie ist nicht versiegt. Ihm ist, als könne er noch die verzweifelten Schreie vernehmen, das bitterliche Weinen, das untröstliche Wimmern derer, die die Nachwelt vergessen hat.

Er weiß es jetzt: Die Welt wird keinen Frieden finden, wenn nicht aller Opfer gedacht wird, auf welcher Seite sie auch fielen. Wir sind alle verletzt worden. Wir sind alle traumatisiert. Erinnern wir uns daran und sehen wir das Verbindende in dem, was uns zu trennen schien. Nehmen wir das gegenwärtige Leid wahr und holen wir das vergangene Leid in die Gegenwart, um uns vor ihm zu verbeugen. Lassen wir unsere Vorfahren nicht in ihrem Schmerz allein! Gedenken wir ihrer. Nehmen wir Verbindung mit ihnen auf. Schenken wir ihnen unsere Achtung. Ehren wir sie für das, was sie waren, und lassen wir sie in Frieden gehen. So können alle Erlösung finden: die, die lebten, die, die leben und die, die leben werden.

In der Gegenwart laufen alle Fäden zusammen. Hier in unseren Händen kann das Versprengte wieder zusammengeführt werden. Hier ist Heilung möglich. Erfüllt von diesem Vertrauen tritt der Reisende hinaus in die Mutter Natur. Blumen wachsen hier, Gräser, Sträucher, Bäume. Unzählige Lebewesen haben hier ihr Zuhause. Wasser plätschert, Vögel singen, Insekten summen an einem warmen Sommertag. Hier ist Leben. Hier können wir spüren, wie alles miteinander verbunden ist. Wir gehören dazu. Wir sind nicht nur ein Teil der Natur. Wir sind Natur. Wir sind der Baum, die Blume, der Strauch. Wir sind die Tiere in den Schlachthöfen, die Pflanzen, die wir ausgerottet haben, die verschmutzten Ozeane und abgeholzten Wälder. Geht es einem Teil schlecht, so hat das Konsequenzen für das Ganze.

Das wussten wir einmal. Bevor ein eifersüchtiger männlicher Gott die Kontrolle übernahm, wussten wir um die tiefe und unauflösliche Verbindung alles Seienden. Als wir noch die große Urmutter verehrten, wussten wir, dass wir zusammengehören. Erst das Patriarchat hat zu der Trennung geführt, die uns glauben machte, wir seien etwas anderes als Natur und könnten sie beherrschen oder gar künstlich ersetzen. Dieser Irrglaube konnte aufkommen, nachdem Jehova die semitische Liebesgöttin Jehva verdrängt hatte, die Mutter des Lebendigen, und die Taube, Ursymbol des matriarchalen Eros, zum asketischen und frauenfeindlichen Heiligen Geist wurde. So konnte aus einem rachsüchtigen Alleinherrscher, der die Welt unter seine Kontrolle brachte, das allessehende Auge auf der Dollarnote der USA werden, das der Welt eine neue Ordnung aufzuzwingen sucht: *novus ordo seclorum* – eine neue Ordnung der Zeitalter.

In dieser Ordnung wurde der Mensch zur Person, zum Personal, zur Uniform, zum Verwaltungsobjekt, um schließlich auf einen binären Code aus Nullen und Einsen reduziert zu werden, mit dem Computer funktionieren. Die gegenwärtige Entwicklung läuft darauf hinaus, die gesamte Menschheit digital zu erfassen. Die New Yorker Organisation ID2020 arbeitet an einer transnationalen Identität für jeden Menschen, die möglichst alle unsere Daten umfassen soll.[43] Auch in der EU wird an entsprechenden Gesetzen für digitale Reisepässe und Personalausweise gearbeitet. Ziel ist es, uns in nächster Zukunft nur noch mit Gesicht, Iris und Fingerabdruck auszuweisen. So sind wir auf Schritt und Tritt kontrollier- und verfolgbar. Wenn wir uns dann falsch verhalten, dann müssen wir uns keine Gedanken darüber machen, wie wir protestieren, wenn uns zum Beispiel das Bankkonto gesperrt wird oder der Zugang zu öffentlichen Einrichtungen und Transportmitteln. Dann ist es zu spät.

Letztlich jedoch wird uns die digitale Treppe ins Nichts führen. Die künstliche Welt ist eine Sackgasse. Denn sie ist tot. Nur das Analoge bringt uns weiter, das Verhältnismäßige, Entsprechende, das, was zueinander in Bezug setzt. Das Digitale zersplittert und zersetzt. Das Analoge verbindet und bringt zusammen. Nur

43 https://www.swr.de/swr2/wissen/digitale-identitaet-aller-menschen-fortschritt-oder-globale-ueberwachung-102.html

das Analoge kann fließen und sich mit der Quelle verbinden, die uns Leben gibt. Über Bildschirme kann kein Lebensfunke entstehen. Hier gibt es keine Reibung. Künstliches Feuer kann kein Leben erschaffen. Es kann nur reproduzieren.

Hier stößt die Technologie an ihre Grenzen. Computer können nur mit dem arbeiten, was sie kennen. Mit Überraschungen können sie nichts anfangen. Alles, was aus dem Vorhersehbaren herausfällt, jedes Verhalten, das anders ist, als sie es kalkuliert haben, übersteigt sie und entzieht sich ihrer Kontrolle. Da Computer keine Gefühle kennen, entzieht sich ihnen ebenfalls alles, was dem Herzen entspringt. Künstliche Intelligenz ist machtlos gegenüber einem Geist, der sich nicht auf einen Binärcode reduzieren lässt. Wenn wir uns nicht maschinenhaft immer in denselben Bahnen bewegen, sondern jeden Moment als neu, originell und einmalig erleben, hat die moderne Computertechnologie keinen Zugriff auf uns.

So ist die Technologie gewissermaßen an die Flasche gebunden. Der Geist des Menschen hingegen kann aus der Flasche heraustreten. Er kann kreativ sein, überraschen, lieben. Personen sind in Rollen und Codes gefangen. Menschen mit Bewusstsein jedoch sind unbeherrschbar. Denn sie wissen um ihre Einzigartigkeit und um ihre Möglichkeiten. Das ist unsere Chance. Es ist unmöglich, gegen die transhumanistische Agenda und ihre schöne neue Weltordnung anzukämpfen. Doch wir können uns darüber bewusst werden, dass das System mit seinen Kontroll-

und Überwachungsmechanismen faktisch eine Fiktion ist. Es ist gemacht und existiert damit in gewisser Weise nicht wirklich. In Wirklichkeit hat das unterdrückende Lebensmodell keine Macht. Es existiert nur, solange es in unseren Köpfen ist. Wenn wir es hier auflösen, fällt es im Außen in sich zusammen.

Die Scham ist vorbei

Die Veden, die ältesten Schriften des Hinduismus, teilen die Zeit auf der Erde in Yugas ein. Anders als die lineare Evolutionstheorie beschreiben die indischen Schriften zyklisch wiederkehrende Zeitepochen. So wie die Gottheit Vishnu die Universen ein- und wieder ausatmet, folgen die Epochen aufeinander wie Tag und Nacht. Im ersten Zeitalter, im Satya-Yuga, lebten nur Lichtwesen auf der Erde.[44] Nach dieser Vorstellung sind Menschen keine Produkte von Materie, sondern multidimensionale Wesen mit kosmischen Wurzeln. Während eineinhalb Millionen Jahren gab es weder Gewalt noch Hochmut noch Lüge, weshalb es auch das Zeitalter der Wahrhaftigkeit genannt wird. Die Erde befand sich vollständig im Bereich des Lichts und war ein Paradies, ein pulsierendes, blaues Juwel im Weltall.

---

44 Armin Risi: *Ihr seid Lichtwesen: Ursprung und Geschichte des Menschen*, Govinda 2019.

Im Treta-Yuga, so ist es überliefert, kamen die ersten Wesen aus den Dunkelwelten auf die Erde, die Asuras. Sie waren aggressiv und expansiv und passten sich mit technischen Hilfsmitteln an die physischen Bedingungen auf der Erde an. Da diese Lebewesen ihre Lebensenergie nicht mehr von der höchsten Quelle bezogen, mussten sie sich neue Energielieferanten suchen. Zunächst kam es noch zu keiner Berührung mit den Lichtwesen-Menschen. Diese lebten in Harmonie mit der Natur und sahen in allem eine göttliche Ordnung, die sie nicht störten, sondern mit ihrer Kreativität noch mehr zum Vorschein brachten. In der Mitte des Dvapara-Yugas jedoch wurden die göttlich-menschlichen Urwesen von den Schattenmächten angegriffen und zu einem großen Teil versklavt.

Im darauffolgenden dunklen Zeitalter, dem aktuellen Kali-Yuga, gelang es den Dunkelmächten, als Menschen geboren zu werden. Es erschien eine Art unmenschlicher Menschen, die vielerorts Führungspositionen als Könige und Hohepriester übernahmen und im Namen Gottes Angst und Hass schürten. Das natürliche Gleichgewicht zwischen Mann und Frau kippte. Männer wurden zu Herrschern, wollten Frauen und Kinder als persönlichen Besitz und verfassten entsprechende Gesetze. Hierin stimmen Matriarchatsforschung und vedisches Wissen miteinander überein. Nach der Lehre der Veden treten wir nach dem Kali-Yuga in ein erneutes goldenes Zeitalter. Ihrer Berechnung nach ist dieser Zeitpunkt jetzt gekommen.

Im Tarot folgt auf die Karte des Todes die Karte der Mäßigkeit. Sie steht für Heilung und Wiedergeburt und für die Kommunikation der Gegensätze. Diese finden erneut als komplementäre Pole zusammen. Der Weg, der hierhin führt, ist ein Weg der Mitte. Derjenige, der ihn betritt, so heißt es, steht unter himmlischem Schutz. Der Vedenforscher Armin Risi schlägt einen radikalen Mittelweg vor.[45] Mit dem Wort radikal ist hier nicht die Bedeutung extrem gemeint. Das lateinische Wort *radix* bedeutet Wurzel. Erst wenn wir zu unseren Wurzeln zurückkehren, können wir wieder ganz werden. Diese Authentizität ist die Quelle, aus der heraus wir unsere Kraft beziehen. Erst wenn wir zu unserer Echtheit zurückkommen, machen wir uns unempfänglich für das Künstliche, Unechte, Verdrehte.

Wenn wir uns nicht tief in unserer Echtheit verwurzeln, riskieren wir, immer wieder in Mangel und Angst zurückzufallen. Um dem zu entkommen, laufen wir immer neuen Moden hinterher, neuen Anreizen, neuen Anheizern, und fühlen uns doch nie ganz erfüllt. Wir sind wie ein Spielball, den man mehr oder weniger beliebig hin- und herkicken kann. Erst wenn wir uns mit der ursprünglichen und authentischen Kraft in uns verbinden, finden wir den Weg der goldenen Mitte. Hierfür brauchen wir das, was wir gemeinhin für eine Schwäche halten: unsere

---

45 Armin Risi: *Der radikale Mittelweg: Überwindung von Atheismus und Monotheismus. Das Buch zum aktuellen Paradigmenwechsel,* Kopp 2009.

Empfindsamkeit. Oft bringen wir sie mit Reizbarkeit oder Gebrechlichkeit in Verbindung und haben uns daher ein dickes Fell angeschafft, das uns von unserer Fähigkeit zu fühlen trennt. Nun gilt es, den Weg zu unserer Empfindsamkeit freizulegen. Sie führt uns zu dem wertvollsten Werkzeug, über das wir verfügen: unsere Schöpferkraft.

Diese Kraft ruht im Verborgenen, dort, wo sie besonders geschützt ist: in unserem Schoßraum. Frauen und Männer haben diesen Raum. Doch die meisten von uns haben sich vom Bereich ihres Beckens abgetrennt. Für viele ist er etwas Dunkles, Undefinierbares, Schambesetztes. Die deutsche Sprache hat ein und dasselbe Wort für den Schoßraum und das unangenehme Gefühl, wenn wir uns in einer peinlichen Situation befinden. So ist dieser Bereich unseres Körpers auf doppelte Weise mit Scham behaftet. Hier befinden sich unsere Sexualorgane, die Organe, über die neues Leben entsteht. Das Becken ist wie eine Schale, ein Ort der weichen Kraft und Sitz der Intuition. In vielen alten Kulturen gilt der Schoßraum als ein Raum der Rückverbindung mit dem großen Ganzen und mit dem Göttlichen. Er ist ein heiliger Raum des weiblichen Wissens und Quell weiblicher Kreativität und Spiritualität, ein Ort des Nach-Hause-Kommens und der Verbindung mit der nährenden Kraft der Erde.

Dieser Raum wurde in den vergangenen Jahrtausenden zum Ort tiefster Verletzungen. In vielen Kulturen erleiden Mädchen und Jungen Genitalverstümmelungen und Beschneidungen.

»Die Sache«, wie die weibliche Genitalverstümmelung in Afrika genannt wird, gibt es seit etwa 5000 Jahren.[46] In 35 Staaten wird dieses Verbrechen praktiziert. Weltweit sind mehr als ein Drittel der Männer beschnitten. Beide, Frauen und Männer, sind von den Eingriffen teilweise schwer traumatisiert. Eine erfüllte und lustvolle Sexualität ist für einen großen Teil der Menschheit aus diesem Grunde nicht möglich.

Vergewaltigung und die Verletzung des Schoßraumes gehören zu jedem Krieg. Sie sind nicht nur eine Art Kollateralschaden, sondern werden vorsätzlich und in voller Absicht als Kriegswaffe eingesetzt. Vergewaltigung ist mehr als Demütigung und Erniedrigung. Sie ist die Verletzung unseres tiefsten Inneren, unserer ursprünglichen Schöpferkraft. Über sie können ganze Kulturen vernichtet werden. Die Opfer haben nicht nur den körperlichen und seelischen Schmerz zu tragen, sondern auch die lebensvernichtende Scham. Um mit ihr leben zu können, wird die Erinnerung an das Ereignis aus Selbstschutz abgespalten. Wir trennen uns von dem Raum, in dem »es« passiert ist. Der Schambereich wird durch die Scham blockiert.

Nach zwei Weltkriegen ist der Schambereich für uns weitestgehend tabu und wird von uns eher stiefmütterlich behandelt. Frauen gehen regelmäßig zur sogenannten Vorsorge und lassen

46 https://www.target-nehberg.de/de/weiblichegenitalverstuemmelung

sich kalte metallene Geräte in den Unterleib schieben. Während der Menstruation benutzen wir chemiegetränkte Tampons. Der Monatszyklus wird von vielen als unappetitliches und lästiges Ereignis empfunden. Wir wollen möglichst wenig davon mitbekommen. Regelblut gilt bei vielen als eklig und wird mit Kot, Erbrochenem oder sonstigen Ausscheidungen gleichgesetzt. Zur Zeit der Menstruation Geschlechtsverkehr zu haben, gilt vielen als abwegig. Aus der Periode wird möglichst kein Thema gemacht. Früher wie heute: Darüber spricht man nicht. Und wenn, dann so, wie man über Pickel und Falten spricht. Das muss weg.

Entsprechend lassen wir uns heute relativ bedenkenlos Eierstöcke und Gebärmutter entfernen. In Deutschland tut das mittlerweile jede zehnte Frau vorbeugend. Jede sechste Frau über sechzig hat eine Hysterektomie hinter sich. Währenddessen nehmen Unterleibserkrankungen und Brustkrebs bei Frauen explosionsartig zu und signalisieren, wie verletzt wir in unserer Weiblichkeit sind. Eine der häufigsten Krankheiten ist die sogenannte Endometriose. Die krampfartigen Schmerzen, die sie hervorruft, werden von vielen Frauen als normal empfunden. Das gehört eben zum Frausein dazu. Doch es ist nicht normal. So wie das Gebären auch als ein lustvolles Ereignis empfunden werden kann, ist Menstruieren ein Ausdruck höchster schöpferischer Kraft, an die wir monatlich erinnert werden. In keinem Fall ist es etwas Unreines, was versteckt werden muss.

Die Menstruation erinnert uns an die zyklischen Abläufe des Lebens und an die kosmische Verbindung. Diese Verbindung können wir wieder in unser Leben zurückholen. Hierfür reicht es nicht, ein braves Mädchen zu sein. Hier muss sich die brave Eva mit der wilden Lilith verbinden. Sie muss das von sich aus tun. Kein Mann wird ihr dabei die Tür aufhalten. Um die goldene Kugel heraufzuholen, werden wir selbst in den Brunnen steigen müssen.

ENTHÜLLT

Die Normalen sind die Kränksten,
und die Kranken sind die Gesündesten.
Erich Fromm

Die Prägungen und Programmierungen zu erkennen, die uns in die Abhängigkeit getrieben haben, ist eine Sache. Sie zu löschen und inaktiv zu machen eine andere. Hier reicht es nicht, auf einen Knopf zu drücken oder darauf zu warten, von einem himmlischen Wesen in die fünfte Dimension getragen zu werden. Denn was einmal existiert, das will vor allem eines: weiter existieren. Es will nicht gehen. So braucht es Zeit, Geduld und Übung, sich von den alten Programmierungen zu befreien. Vor allem aber braucht es die Bereitschaft loszulassen. Das ist schwieriger, als es sich anhört. Wir sind Weltmeister darin, Dinge zu erreichen. Doch loslassen, das haben wir nicht gelernt. Es ist beängstigend wie ein Schritt ins Leere. Doch erst wenn das Gefäß leer ist, kann es neu gefüllt werden.

Die Schuldfalle

Die Karte des Teufels steht im Tarot für die Konfrontation mit unseren Schattenseiten. An ihm führt kein Weg vorbei. Das Verborgene muss ergründet werden. Geschieht dies nicht, kommen wir auf unserem Weg nicht weiter. Der Königsweg fordert uns ab, alles wahrzunehmen. Wo genau ist es unangenehm? Wo fühle ich mich angefasst? Welches Wort, welche Situation, welches Ereignis bringt mich besonders auf die Palme? Wo schaue ich nicht gerne hin? Welche Aussage, welche Haltung erscheint mir unerträglich?

Damit Gefühle spürbar werden, braucht es Reibung. Ein Einsiedler wird von niemandem getriggert. Erst im Zusammentreffen werden wir berührt. So sind es oft diejenigen, die wir am liebsten auf den Mars schießen würden, die uns am weitesten bringen können. Dort, wo wir besonders aufgebracht sind, will etwas losgelassen werden. Anstatt uns also an unserem Gegenüber abzuarbeiten, sollten wir uns mit uns selbst beschäftigen: Was ist da los? Was zieht gerade durch mich hindurch? Nehmen wir es, wie es ist. Halten wir es nicht fest und lassen wir es weiterziehen. Das ist alles. Wir müssen nicht versuchen, an unseren Gefühlen herumzuschrauben, oder sie unserem Gegenüber um die Ohren schlagen. Halten wir es aus. Es ist, was es ist. Und es wird vorbeigehen.

Die folgende Karte verlangt von uns, etwas besonders Wichtiges loszulassen. Der Turm ist die Karte der Zerstörung und des Chaos. Blitze schlagen in seine Spitze ein und trennen sie vom Sockel. Zwei Menschen stürzen in die Tiefe. Die Karte bedeutet Verlust und fordert mit Nachdruck dazu auf, etwas hinter sich zu lassen. Gelingt es, werden wir uns erheben wie der Phönix aus der Asche. Hier sind wir auf das Höchste herausgefordert. Denn hier geht darum, auch die Verletzungen loszulassen, mit denen wir uns ein Leben lang identifiziert haben. Jetzt dürfen wir erkennen: Wir sind nicht unsere Verletzungen. Sie haben uns über lange Zeit begleitet. Wie eigenständige Entitäten haben sie sich in uns niedergelassen, haben uns beeinflusst und daran gehindert, uns frei zu bewegen. Vielleicht haben wir, anstatt für die Heilung zu sorgen, unsere Verletzungen am Leben gehalten. Vielleicht haben wir die Rolle eines Opfers übernommen und so verhindert, in die eigene Kraft zu kommen. Das darf jetzt vorbei sein. Die Karte fordert uns dazu auf, einen Teufelskreis zu durchbrechen. Zwei Menschen stürzen in die Tiefe: Opfer und Täter. Beide bedingen sich gegenseitig. Ohne Täter gibt es kein Opfer und ohne Opfer keinen Täter. Beide zusammen halten die Maschinerie der Zerstörung am Laufen. Das Opfer ist verletzt und sinnt auf Vergeltung. Der Wunsch nach Rache erscheint ihm legitim. Schließlich hat es gelitten und fordert Ausgleich. So wird das Opfer nun seinerseits zum Täter und schafft neue Opfer, die wiederum zu neuen Tätern werden.

Seit Jahrtausenden hindern uns immer neue Opfertäter daran, zusammenzufinden und dauerhaften Frieden miteinander zu schließen. Immer wieder reißen die alten Wunden auf, immer wieder fließt Blut, immer wieder ist Krieg. Immer wieder vertreiben wir uns aufs Neue aus dem Paradies.

Der Turm bietet eine enorme Chance, eine grundsätzliche Veränderung zu unserem allergrößten Vorteil. Der Reisende kann sich jetzt ent-scheiden. Der Begriff stammt ursprünglich von dem germanischen Wort *skaipi:* der Plural für zwei getrennte Holzplatten, die ein Schwert schützen. Indem er das Schwert aus der Scheide zieht, kann er sich aus seiner Schuld lösen, der dunkelsten aller seiner Schattenseiten. Nach der Bewusstseinsskala des Psychiaters David Ramon Hawkins gehören Schuld und Scham zu der untersten Bewusstseinsebene. Darunter gibt es nur noch, was er mit der Abwesenheit von Bewusstsein und dem physischen Tod gleichsetzt: Dualität, Irrtum, Mangelbewusstsein, reaktives Sippenbewusstsein und Kriminalität. Hawkins' auf kinesiologischen Tests basierende Skala geht von null (Tod) bis tausend (Erleuchtung).[47] Ganz unten stehen neben Schuld und Scham Apathie, Trauer, Angst, Verlangen, Ärger und Stolz. Zweihundert stellt einen Schwellenwert dar, der die nicht-integren von den integren Ebenen trennt. Als nicht-inte-

---

47 David R. Hawkins: *Die Ebenen des Bewusstseins: Von der Kraft, die wir ausstrahlen,* VAK Verlags GmbH 2014.

ger bezeichnet Hawkins die dem Leben abgewandten Dinge, die von tierischen Trieben dominiert sind. Mittels seines Willens und der Ausrichtung auf Positives kann sich der Mensch aus dem Animalischen befreien. Aus dem *Homo sapiens* wird ein *Homo spiritus,* ein Mensch, der durch spirituelles Wachstum und die Übernahme von Eigenverantwortung das Leiden überwindet. Mut, Zuversicht, Optimismus, Akzeptanz und Vernunft gehören zu den Eigenschaften der Ebene bis vierhundert, der Schwelle zwischen Dualität und Einheit. Liebe, Freude, Frieden und Erleuchtung sind die höchsten Ebenen, die ein Mensch erreichen kann.

Die Ebenen, die Hawkins aufführt, sollen keine Bewertungen sein, die in Vergleiche münden. Er zeigt auf, dass die Wirklichkeit in Relation zu der jeweiligen Bewusstseinsebene des Betrachters wahrgenommen wird. Auf welcher Ebene wir uns befinden, bestimmen wir. Wer sein Bewusstsein entwickeln will, muss etwas dafür tun. Wir können es üben wie Klavierspielen oder Skifahren. Das ist mindestens so spannend wie jede Extremsportart. Alles, was wir dazu brauchen, haben wir immer bei uns. Wir müssen keinen Coach dafür bezahlen, keinen Trainer, keinen Lehrer. Es sind die Ereignisse und Begegnungen, die uns trainieren. Hierbei steht es uns offen, uns auszusuchen, worauf wir unser Augenmerk legen, welche Gefühle und Gedanken wir pflegen und welche Eigenschaften wir in uns weiterentwickeln. Wir haben die Möglichkeit, alles, was uns auf unserem Weg begegnet, für unsere Ent-Wicklung zu benutzen, das Heraustreten aus dem Geburtskanal und die Entfaltung unserer Fähigkeiten. Das, was uns am meisten berührt, können wir sozusagen als eine Gratis-Masterclass annehmen.

Diese Art von Lernen hat nichts mit dem zu tun, was uns während unserer Schulzeit beigebracht wurde. In der Schule, zu der wir alle verpflichtet sind, haben wir vor allem das gelernt, was uns gegeneinander aufbringt: Klassen- und Konkurrenzdenken, Benotung und Bestrafung, ein ständiges Vergleichen und das Bemühen, möglichst besser zu sein als andere. So haben wir »für das Leben« gelernt. In kalten Betonburgen wurden uns in zusammenhanglosen und auseinandergerissenen Lerneinheiten Inhalte vermittelt, die oft nichts mit unserem Leben zu tun hatten und die wir meistens schnell wieder vergaßen.

Sicher gibt es engagierte Lehrer und motivierte Schüler, so wie es ehrliche Politiker gibt, kompetente Journalisten, aufrichtige Geistliche und Wissenschaftler und wirklich gute Ärzte. Doch insgesamt lenkt uns Schule vom Wesentlichen ab. Hier wird das Fortschrittsdenken von Anfang an in uns implantiert: Wir sind unfertige kleine Wesen, die erst zurechtgezogen werden müssen. Schnell nimmt uns die Schule unsere Neugierde und Begeisterung. In den meisten Fällen fördert sie nicht unsere Intuition, unsere Sensibilität, unsere Einzigartigkeit. Anstatt sich für die zu interessieren, die wir wirklich sind, stutzt sie uns auf einer Höhe zurecht und redet uns ein, aus uns müsse einmal etwas werden.

Die Einführung der allgemeinen Schulpflicht gehört zu den als fortschrittlich gewerteten Ereignissen der Bildungsgeschichte der Moderne. Sie ist einer der wesentlichen Bestandteile einer demokratischen Gesellschafts- und Bildungsverfassung. Seit dem frühen 18. Jahrhundert wird versucht, den Schulbesuch zu regulieren. »Jeder Einwohner, welcher den nöthigen Unterricht für seine Kinder in seinem Hause nicht besorgen kann oder will, ist schuldig, dieselben nach zurückgelegtem fünften Jahre zur Schule zu schicken« heißt es im allgemeinen Landrecht für die preußischen Staaten von 1794.[48] Es oblag der Pflicht des Hausvaters, in seinem Hause für den Unterricht zu sorgen. Konnte er das nicht, entstand die Pflicht, die Kinder zur Schule zu schicken. Den Zwang einer staatlichen Schulpflicht gab es nicht. Nur die Kinder aus ärmeren Häusern besuchten die Staatsschulen. Die Wohlhabenden schickten ihre Kinder auf teure Privatschulen.

Der Eingriff in die bürgerliche Freiheit und die Einschränkung der Elternrechte garantiere das kindliche Grundrecht auf eine humane Bildung und diene dem Gemeinwohl. Die Weimarer Verfassung verwandelte 1919 die für ganz Deutschland

48 https://www.bpb.de/themen/bildung/zukunft-bildung/185878/kurze-geschichte-der-allgemeinen-schulpflicht/

geltende Unterrichtspflicht in die Schulpflicht. Sie dient der Durchsetzung des staatlichen Erziehungsauftrags im Hinblick auf die Heranbildung verantwortlicher Staatsbürger. Vater Staat trägt Sorge dafür, religiös und weltanschaulich motivierten Parallelgesellschaften entgegenzuwirken, Minderheiten zu integrieren und Toleranz einzuüben. Diesem Erziehungsauftrag entkommt niemand.

Kurz nachdem wir begonnen hatten, unser Recht auf humane Bildung in Anspruch zu nehmen und uns im Sinne des allgemeinen Wohls in Toleranz zu üben, traten die Nationalsozialisten auf den Plan. Seitdem sind die Kriege nicht weniger geworden. Eine Diktatur hat die andere abgelöst. Weiter denn je sind wir heute von Toleranz und einem respektvollen Umgang miteinander entfernt. Die Gesellschaft ist tief gespalten. Was wir in der Schule lernen, befähigt uns in aller Offensichtlichkeit nicht dazu, uns offen gegenüber Andersdenkenden zu verhalten und Auseinandersetzungen auf faire und friedliche Weise zu lösen. Während der Coronazeit hat Schule nicht verhindert, dass der Ton zwischen uns immer rauer wurde. Sie hat im Gegenteil Kinder und Jugendliche geradezu indoktriniert und aufgehetzt. In der Geiselhaft, in die die jungen Menschen genommen wurden, wurden viele schwer traumatisiert und in ihrer Entwicklung behindert. Apathie, Konzentrationsschwierigkeiten, Lerndefizite, Übergewicht, Depression, Zukunftsängste, Vereinsamung, Lebensunlust bis hin zu Selbstmord werden die junge Generation noch über lange Zeit prägen. Die Spätfolgen sind nicht zu überblicken.

Dennoch halten Schulleiter, Lehrer und Eltern an dem alten Bildungskonzept fest. Wir machen es wie der Mann, der seine Schlüssel unter der Straßenlaterne sucht, weil er da Licht hat. An den Grundfesten wird nicht gerüttelt. Schulzwang stärkt die Demokratie. Impfpflicht ist gut für Gesundheit. Überwachung bedeutet Schutz. Querdenken ist asozial. So erzieht uns Schule zu Normopathen, die sich in das Vorgegebene fügen. Folgsam ließen sich Schüler und Studenten maskieren, testen, impfen und für die jeweils gute Sache instrumentalisieren. Die Lehrer fanden es toll, dass die Schüler so gut mitmachten, und die Akademiker blieben stumm.

Blei zu Gold

Ein Thema, dem in den schulischen Lehrplänen ein besonderes Interesse zukommt, ist der Nationalsozialismus. Rauf und runter haben wir dieses Kapitel unserer Geschichte studiert. Kaum ein anderes Thema ist so präsent in unseren Medien. Doch eines haben wir nicht gelernt: wer den Aufstieg Hitlers gefördert hat. Welche Macht außerhalb Deutschlands hat die Nazis unterstützt? Welche Rolle spielten die Banken bei der Finanzierung des Zweiten Weltkrieges? Wer hat alles bei den Lagern weggesehen?[49] Wie sähe die Welt heute aus, wenn es Hitler nicht gegeben hätte? Welches Gesicht hätte der Nahe Osten? Welche Stellung hätte Russland in der Welt? Gäbe es die NATO, die WHO, die Weltbank, die FAO – also die globalen Institutionen, die den einzelnen Staaten heute zunehmend ihre Souveränität nehmen? Sie alle wurden nach dem Krieg gegründet. Was wäre die Welt ohne die deutsche Schuld?

Allein der Gedanke ist Dynamit. Nie wieder Auschwitz! Nie wieder Krieg! Nie wieder Völkermord! Nie wieder Faschismus! Mit blutroten, eisernen Krallen hält uns ein muskelmännischer Bundesadler in der Schmach gefangen. Es liegt in der Natur der Schuld, dass sie sich auf etwas bezieht, was schon geschehen ist. Das können wir nicht mehr ändern. In der Vergangenheit haben wir keine Handlungsmöglichkeiten. Handeln können wir nur in der Gegenwart. Wird die Aufmerksamkeit ständig in die Vergangenheit gelenkt, ist die Gegenwart quasi durch die Vergangenheit besetzt. Sie ist regelrecht mit einem Bann belegt. So ist es möglich, dass sich hier direkt vor unseren Augen Verbrechen abspielen: Ein in die Vergangenheit gerichteter Blick kann sie nicht erkennen.

Es braucht Abstand, um das Zusammenhängende in den Ereignissen zu erkennen. Der Blick muss sich weiten und vom De-

---

49 Hermann Ploppa: *Hitlers amerikanische Lehrer: Die Eliten der USA als Geburtshelfer des Nationalsozialismus*, Ploppa 2016.

tail lösen. Tief bewegt steht der Reisende unter dem mächtigen Firmament. Niemals in der Geschichte des Universums sah der Himmel so aus wie in diesem Moment. Wie unzählige Augen blinzeln die Sterne auf ihn herab. Im Tarot bedeutet der Stern innere Führung, Schutz und Klarheit. Er führt den Fragenden zum Wesentlichen, zur Wahrheit, zurück nach Eden. Der Stern ist das innere Licht, das in jedem von uns leuchtet und das uns dorthin geleitet, wo wir unseren Samen in die Erde bringen können. Er zeigt uns den Weg zum Neugeborenen, zu dem Wunder, das uns geschenkt wird. Es waren Hirten, die das Kind zuerst erblickt hatten. Sie gingen zu ihm, so wie sie waren. Erst danach kamen die Könige aus dem Morgenland. Sie alle knieten nieder und legten ab, was sie bei sich trugen. So kniet auch der Reisende nieder und legt endlich seine Schuld ab, seine Scham, sein schlechtes Gewissen. Aufrichtig bittet er um Ent-Schuldigung: *Bitte verzeih, was ich getan habe. Ob gewollt oder ungewollt: Ich habe Schmerz zugefügt. Die Zeit kann ich nicht zurückdrehen. Doch ich erkenne die Verletzung an. Es tut mir leid.*

Über das Anerkennen der Verletzbarkeit des anderen kann die heilende Begegnung erfolgen. Oft merken wir nicht, was wir anderen mit unserem Verhalten zufügen. Ein Kompliment, ein freundliches Wort kann als Beleidigung ankommen. Wir können es nicht verhindern. Es liegt nicht an uns, wie der andere etwas auffasst. Jeder ist für seine eigenen Gefühle verantwortlich. Wir können nicht wie auf Eiern durch das Leben gehen oder uns keinen Schritt mehr voranwagen, aus Angst, andere zu stören. In ein gegenseitiges Verstehen kommen wir, wenn wir uns für das Empfinden des anderen öffnen: *Ich sehe dich. Ich kann spüren, was du spürst.* Weisen wir einander hier nicht zurück. Glauben wir nicht, das Anrecht auf den größeren Schmerz gepachtet zu haben. Wir alle sind von Natur aus empfindliche Wesen, wir alle können versuchen, uns in den anderen hineinzuspüren.

Indem wir uns dort zur Seite stehen, wo es wehtut, können wir einander wirklich begegnen. Hierzu braucht es die Warmherzigkeit einer Mutter, die Güte eines Vaters und das Geschick eines Alchemisten. Der Alchemist wirft das Blei nicht fort, sondern macht Gold daraus. Schicht für Schicht zieht er ab von dem Dunklen und Schweren, um an das innere Gold zu gelangen. Er tut es nicht, um materiellen Reichtum zu erlangen, sondern um sich selbst und das Universum besser zu verstehen.

Die Alchemie vermittelt Kenntnisse über natürliche Prozesse und göttliche Prinzipien und erlaubt dabei eine tiefe spirituelle Erfahrung, die zu einer Vervollkommnung im Menschen selbst führt.[50] Es geht um das innere Gold, das es zu entdecken und freizulegen gilt. So ist Alchemie in ihrem Grunde eine Innen-

---

50 Carsten Pötter: *Lebensnetze. Motive und Wirkungen menschlichen Handelns,* Books on Demand 2013.

arbeit, der sich jeder nach Vermögen widmen kann, der seinen eigenen Wesenskern kennenlernen will.

Um den Stein der Weisen zu finden, der Unedles in Edles verwandelt, gibt es drei Wege: den Weg des Schmelzens, den Weg des Auflösens und den Königsweg. Er bedeutet die innere Reinigung von Schlacken, die das Licht behindern, und verlangt die Bereitschaft, vollkommen ehrlich mit sich selbst zu sein. Der Forschende setzt sich gründlich mit dem auseinander, was in ihm wirkt und zum Ausdruck kommt. Basis für diese Arbeit ist das Wissen, dass das, was in uns abgespeichert ist, nicht gelöscht werden kann. Was einmal da ist, ist immer da. Wie das Internet vergessen unsere Zellen nichts. Die Informationen gehen nicht verloren. Was einmal existiert, das kann nicht ungeschehen gemacht werden. Energie kann nicht vernichtet werden. Hieran können wir nichts ändern. Was wir jedoch tun können, ist zu versuchen, die Energie in eine andere Richtung zu lenken.

Der Alchemist nimmt also das Blei, das Schwere, Dunkle, Unedle, um es zu transmutieren. Bei diesem chemischen Prozess wird ein Element in ein anderes umgewandelt. Ohne sie zu werten, ist die Materie hierbei der Schatten und der Geist das Licht. Aus sieben Schichten setzt sich die Materie zusammen. Sieben ist die Summe aus drei und vier. In der Zahlensymbolik des Mittelalters steht die Drei für die Seele und die spirituelle Sphäre und die Vier, die Zahl der Elemente, für die materiellen, weltlichen Dinge. Sieben Tage hat die Woche, sieben Töne die westliche Tonleiter. Sieben Farben hat der Regenbogen und sieben Arme die Menora, der kultische Leuchter der jüdischen Liturgie. Es gibt sieben Weltwunder, sieben Todsünden, und wenn wir verliebt sind, befinden wir uns im siebten Himmel.

Um das geistige Gold freizulegen, gibt es sieben Etappen, die mit sieben Metallen und sieben Planeten assoziiert sind: Blei (Saturn), Zinn (Jupiter), Kupfer (Venus), Quecksilber (Merkur), Eisen (Mars), Silber (Mond) und Gold (Sonne). Dieser Prozess ähnelt nicht dem Entblättern eines Gänseblümchens. Hier kann im wahrsten Sinne des Wortes die Hölle los sein. Um das Feine vom Groben zu trennen und die *Materia Mater* freizulegen, die Muttermaterie, den Grundstoff für das große Werk, wird verbrannt, geschmolzen, geätzt, zersetzt und aufgelöst. Das ist alles andere als angenehm für den Experimentierenden. Selbstentdeckung ist harte Arbeit und konfrontiert uns genau mit den Dingen, denen wir am liebsten niemals begegnen würden. Alles, was sozusagen in den Schatten gestellt und ins Vergessen geschickt wurde, kommt hoch. Es geht zu wie in einer Hexenküche. Unappetitliches brodelt hoch. Klebrige Schleimspuren ziehen sich durch das innere Labor, es stinkt zum Himmel. Am liebsten würde man die Tür sofort wieder zuwerfen, für alle Zeiten verriegeln und den Rest seines Lebens Filme sehen, in denen andere den Helden spielen. Doch wer sich einmal auf den Weg gemacht hat, für den gibt es kein Zurück. Wer sich einmal darüber bewusst geworden ist, dass es ein Innen gibt, der kann sich nicht mehr ins Außen flüchten. Es wird ihn nicht mehr in Ruhe lassen. Um Frieden zu finden, muss er wohl oder übel die Ärmel hochkrempeln und sich mit dem Gedanken anfreunden, Krötenschleim und Spinnenbeine berühren zu müssen.

So geht der Alchemist zur Sache. Es erfordert unser hundertprozentiges Engagement, den Königsweg zu gehen und die inneren Schleier zu durchdringen. Wer den Stein der Weisen finden will, den Heiligen Gral, die Quelle des Lichts, der bohrt gewissermaßen Löcher in die Illusionsblase, die ihn umhüllt. Es ist wie auf der alten Gravur, auf der ein Mensch auf Knien den Kopf durch eine Blase steckt, die seine Realität von den kosmischen Gesetzen trennt. Die Wirkung der Erkenntnis ist enorm und mit Worten nicht auszudrücken. Dem Betrachtenden entweicht nur ein staunendes Wow!

Die Wahrheit am Grunde

Wer seine mentale Käseglocke durchdringt, der muss sich auf alles gefasst machen. Er muss sich darauf einstellen, dass nichts so ist, wie er es sich bisher gedacht hat. Dieser Prozess verlangt uns Beweglichkeit, Offenheit und Demut ab. Eitelkeit, Stolz und Sturheit verhindern, den Schleier vor unseren Augen zu durchdringen. Wir müssen durch ihn hindurch mit der Unvoreingenommenheit eines Neugeborenen, das noch keine Worte findet für das, was es erschaut. Nur Hingabe öffnet die Tür zu etwas vollkommen Neuem, im wahrsten Sinne des Wortes Unglaublichem. In jedem Fall wird es eine Ent-Täuschung sein: das Ende einer Täuschung.

Wenn der Vorhang auf einmal fällt und mit einem Schlag alles sichtbar wird, besteht die Gefahr, dass der Schock so groß ist, dass wir ihn nicht überstehen. So bohrt der Alchemist möglichst viele kleine Löcher in die Illusionshaut und stellt sich dabei immer wieder die Frage: Verhält es sich wirklich so? Kann es tatsächlich so sein? Ist das wahr? Haben sich die Dinge tatsächlich so zugetragen, wie sie uns erzählt werden? Diese grundsätzlichen Fragen zuzulassen verlangt viel Mut. Das Antasten alter Gewissheiten wird von vielen als so quälend empfunden, als würden sie mit glühenden Zangen malträtiert.

Der Gedanke, dass wir uns vielleicht unser Leben lang getäuscht haben, ist verstörend und birgt ein hohes Angstpotenzial. Wie stehen wir dann da?! Doch früher oder später wird alles ans Licht kommen. Die Wahrheit kommt immer ans Licht. Das Licht ist mächtiger als die Dunkelheit. Es werde Licht: Das Licht ist. Dunkelheit konnte entstehen, indem sich Hindernisse zwischen den Beobachter und die Lichtquelle schoben. Wir wurden getäuscht, von künstlichem Licht geblendet. Doch nun wird offensichtlich, dass das Licht die Dunkelheit nicht braucht.

Die Dunkelheit braucht das Hindernis. Wird es entfernt, liegt alles wieder in leuchtender Klarheit da.

In unserer Kultur, so Carsten Pötter, versuchen wir, die Wahrheit durch Gegenüberstellung zu finden und Erkenntnisse mittels Dialektik zu erlangen. Zu jeder These gibt es eine Antithese. Der Hegelsche Dreisatz führt jedoch dazu, dass sich das Gegenüberliegende praktisch annihiliert. These und Antithese heben sich gegenseitig auf. Es gibt bildlich gesehen einen kurzen Knall – und dann nichts mehr. Pötter stellt der These nicht die Antithese gegenüber, sondern die Anathese. Die Anathese ist der These sehr ähnlich, jedoch nicht identisch mit ihr. Zwischen beiden besteht Resonanz. Treffen sie aufeinander, heben sie sich nicht gegenseitig auf, sondern lassen etwas Neues entstehen, das ohne Urknall auskommt. Es entsteht keine Explosion, sondern eine Art Vermählung.

Wie gewaltsam These und Antithese aufeinanderprallen können und wie zerstörerisch Dialektik wirken kann, wurde in den vergangenen Jahren besonders deutlich. Es kommt zu keiner Synthese. Wir kommen nicht zusammen. Es entsteht kein Schöpferfunke. Eine Vereinigung kann dann erfolgen, wenn wir uns gegenseitig dort abholen, wo wir sind: Ja, ich verstehe deine Bedenken und deine Sorgen. Auch mir sind Gesundheit, Demokratie und ein friedliches Zusammenleben wichtig. Auch mir liegt das Wohl alter und kranker Menschen am Herzen.

Auch ich will ein intaktes Klima, sauberes Wasser, erneuerbare Energien, Gleichberechtigung, Gerechtigkeit, gemäßigten Wohlstand und Bildung für alle. Bis hierhin gehen wir miteinander in Resonanz. Ab hier muss sich jeder selbst aufmachen, um die eigene Wahrheit zu finden. Während die Lüge uns zerstreut und verwirrt, macht die Wahrheit uns vollständig, ganz, gesund. So können wir an unserem Wohlergehen, an unserer inneren Ausgeglichenheit und Ruhe erkennen, wie weit wir von der Wahrheit entfernt sind.

Unsere tiefe innere Wahrheit ist das, was uns integer macht, unbestechlich, immun gegen verführerische Stimmen, die uns etwas einreden wollen und immer aufs Neue wiederholen, was wir denken sollen. *Immunitas* bedeutet die Freiheit von etwas. Sie wird definiert als das angeborene oder durch Kontakt mit einem Krankheitserreger erworbene Gefeitsein des Organismus gegenüber negativen Einflüssen von außen. Wir erlangen Immunität nicht, wenn wir uns einsperren und abschotten. Erst die Begegnung macht uns immun. In der Regel sorgen die Kinderkrankheiten, die wir in unserer Entwicklung durchmachen, für eine lebenslange Immunität. Wir wachsen sozusagen an unseren Krankheiten, werden reifer, gehen einen Schritt weiter in unserer Entwicklung. Es ist eine Art Initiationsritus, so als gäben uns die Erreger die Möglichkeit, einen neuen Raum in unserer Entwicklung zu betreten.

Impfung unterbricht diesen Reifungsprozess. Wir haben uns nicht auf die Konfrontation eingelassen und nichts aus ihr gelernt. Wir haben die Wahrheit nicht gefunden. Wir sind nicht auf eine höhere Bewusstseinsstufe gelangt. Während eine mRNA-Impfung unsere ureigenste Immunität in eine künstliche Immunität verwandelt, nimmt uns gleichzeitig ein digitaler Impfpass das Pendant der Immunität: unsere Identität. So wird uns alles genommen, was uns als Individuum ausmacht.

Wenn wir unsere Immunität und unsere Identität behalten wollen, müssen wir es wagen, uns einen Spiegel vorhalten zu lassen. Schauen wir hinein. Sehen wir, wer da ist. Doch bleiben wir nicht wie Narziss an der Oberfläche hängen. Lassen wir uns in der Tiefe berühren, anstatt uns in die Tiefe ziehen zu lassen. Mag das Bild zunächst undeutlich sein. Mag es zunächst flimmern und flackern wie auf einem gestörten Bildschirm. Der Moment kommt, in dem Bild und Spiegelbild miteinander interferieren, sich überlagern und eins werden. Ein neues Bild ist geboren. Dies ist der Moment der Erkenntnis, die uns auf eine höhere Bewusstseinsebene bringt.

ENDLÖSUNG ODER ERLÖSUNG?

Die Wahrheit ist auf dem Weg
und niemand wird sie aufhalten.
ÉMILE ZOLA

Wo wollen wir hin? Wie wollen wir leben? Wollen wir den zerstörerischen Wahnsinn aus Genmanipulation und digitaler Überwachung immer weiter vorantreiben, immer mehr unsere Immunität und unsere Identität verlieren, immer weiter die Lügen aufrechterhalten, bis sie unweigerlich wie ein Kartenhaus in sich zusammenfallen? Oder entscheiden wir uns dafür, uns in den Dienst der Wahrheit zu stellen? Nähren wir weiter das Hirngespinst eines künstlichen Mangels oder besinnen wir uns auf die Großzügigkeit der Erde, die uns immer noch zur Verfügung steht? Von diesen Entscheidungen hängt es ab, wie unsere Geschichte weitergeht. Bleiben wir am Alten verhaftet oder machen wir uns frei für das, was auf der anderen Seite des Schleiers auf uns wartet?

Die große Mutter

In seinem bekannten Roman *Momo* beschreibt Michael Ende, wie es einem kleinen Mädchen in bunten Lumpenkleidern gelingt, die grauen Herren zu besiegen, die den Menschen ihre Lebenszeit stehlen und in ihren Zigarren verrauchen. Nach einer langen Reise bekommen die Menschen ihre Zeit zurück, weil Momo eine besondere Gabe hat: Sie kann gut zuhören. Indem die Menschen ihr ihre Geschichten erzählen, werden ihnen die Augen geöffnet. Sie sehen klar. Im Spiegel, den das kleine Mädchen ihnen vorhält, erkennen sie ihre Wahrheit.

Es ist das gesprochene Wort, das transformierend wirkt. Hierfür hat die altgriechische Sprache zwei Begriffe: *Mythos* und *Logos*. Während Mythos sich auf göttliche Worte oder Zeichen bezieht, durch die sich eine höhere, nicht sichtbare Wirklichkeit in dem für uns wahrnehmbaren Bereich kundtut, bezieht sich Logos auf das, was der Mensch durch seine eigene Bemühung erkennt oder zu erkennen glaubt. Wenn beide Begriffe ineinandergreifen, ergibt sich daraus die Mythologie, definiert als die Gesamtheit der Mythen, Sagen und Dichtungen aus der sogenannten Vorzeit eines Volkes.

Bereits in der griechischen Aufklärung wurde der Mythos vom Logos getrennt. Seitdem ergreift der Logos die Vorherrschaft. Das das Göttliche ausschließende rationale Denken, das zu Materialismus und Kapitalismus führte und schließlich einer posthumanen Ära den Weg ebnete, hat den Mythos in den Bereich des Märchenhaften, Vagen, Fabulösen abgedrängt. Der Begriff mythisch wird heute sogar mit falschen Vorstellungen und Lüge assoziiert. Somit sind die alten Mythen und Erzählungen unserer Vergangenheit zu bloßen Erfindungen degradiert worden. Die Botschaften früherer Kulturen und die Erinnerung an unsere geistige Herkunft kommen bei uns nicht mehr an, da wir den Weg des Logos beschritten und uns vom Weg der umfassenden Erkenntnis getrennt haben. So bleibt uns die höhere, nicht sichtbare Wirklichkeit verschlossen. Wir können sie nicht erkennen. Empfänglich für umfassende Erkenntnisse werden wir dann, wenn Mythos und Logos wieder ineinandergreifen, wenn wir also nicht allein der Ratio das Steuer überlassen.

Ob wir zu Fachidioten werden oder zu Weisen, hängt davon ab, ob wir die uns zur Verfügung stehenden Kräfte zusammenspielen lassen oder nicht. Viele wissenschaftliche Durchbrüche wurden nicht durch angestrengtes mentales Brüten erreicht, sondern in Phasen der Entspannung und des wohligen Ganzseins. *Heureka!* Ich hab's! überkam es den griechischen Physiker Archimedes in der Badewanne. So ist wahre Erkenntnis mythologisch: ganzheitlich. Das Mythische eröffnet Dimensionen, die der logischen Erkenntnis verborgen bleiben. Der Logos erklärt und schützt den Mythos. Beide ergänzen und brauchen einander. Denn Mythos ohne Logos führt zu Aberglauben und religiösem Fanatismus. Logos ohne Mythos hingegen führt zu seelenloser Wissenschaft und zu gottloser Ideologie.[51]

Das Interesse an alten Mythen und Erzählungen ist in der heutigen Zeit groß und zeigt sich am Erfolg von Verfilmungen wie *Der Herr der Ringe* oder der Artussage. Der anhaltende Bestsellererfolg des bereits 1997 erschienenen Buches *Die Wolfsfrau* der Psychoanalytikerin Clarissa Pinkola Estés verdeutlicht, wie viele Menschen sich für ein Wiederentdecken der Bedeutung des Weiblichen in den alten Erzählungen interessieren.[52]

Der Königsweg führt mitten hinein in die Geschichten des kollektiven Bewusstseins. In ihrem Buch *Die Göttin und ihr Heros* rekonstruiert Heide Göttner-Abendroth die verdrängte, verdeckte und vergessene matriarchale Spiritualität in Mythen, Märchen und Dichtung.[53] Sie sind die Überlieferer der tausend Gesichter der Mutter Erde, der Frau Welt, der großen Göttin, die in allem lebt, vom geringsten Stein bis zum größten Planeten. Die irdische und kosmische Natur in allen ihren Erschei-

---

51 Armin Risi: *Gott und die Götter. Die prophezeite Wiederkehr des vedischen Wissens*, Govinda 2021, S. 41ff.

52 Clarissa Pinkola Estés: *Die Wolfsfrau. Die Kraft der weiblichen Urinstinkte*, Heyne 1997.

53 Heide Göttner-Abendroth: *Die Göttin und ihr Heros. Die matriarchalen Religionen in Mythen, Märchen, Dichtung*, Kohlhammer 2011. Siehe auch Merlin Stone: *Als Gott eine Frau war. Die Geschichte der Ur-Religion unserer Kulturen*, Goldmann Wilhelm GmbH 1991.

nungsformen ist in der matriarchalen Weltanschauung nicht nur physikalisch beschreibbare Materie, sondern ein geistvolles, beseeltes göttliches Gegenüber.

Untersucht werden die zunächst lange Zeit nur mündlich überlieferten Erzählungen aus Ägypten, Indien, Griechenland, Babylon, Persien, Nordwest- und Mitteleuropa sowie die bekannten Zaubermärchen und mittelalterlichen Epen. Erst in der patriarchal geprägten Zeit wurden diese Überlieferungen von männlicher Hand schriftlich festgehalten und in eine Form gebracht, die die ursprünglich weiblichen Gott- und Wesenheiten in männliche verwandelten. Mittels der von ihr erarbeiteten vergleichenden patriarchatskritischen Analyse entwirrt Heide Göttner-Abendroth die Umkehrungen, denen auch die alten Erzählungen unterworfen wurden, und arbeitet akribisch ihren matriarchalen Hintergrund heraus.

In vielen Mythen und Legenden wurde die göttliche Urschöpferin zur Gattin oder Tochter eines Vatergottes degradiert, ohne den sie nichts vermochte. Da die Göttinnen die patriarchalen Götter nicht freiwillig heirateten, waren Raub und Vergewaltigung gängige Methoden der Unterjochung. Nach und nach stahlen die Vatergottheiten den Muttergöttinnen ihre ursprünglichen Attribute und Symbole und nahmen der Frau alle Bereiche des Lebens, die sie vorher innehatte: Schenken des Lebens, Magie, Orakel, Inspiration, Dichtkunst, Medizin, Weisheit.

In der christlichen Religion wurde aus der Liebesgöttin Eva die sündige Frau, aus dem ursprünglichen Liebessymbol des Apfels wurde ein Todessymbol und aus der welterschaffenden Schlange der Teufel. Die männlichen Gottheiten, die es ursprünglich überhaupt nicht gab, erschienen im Laufe der Patriarchalisierung als Fruchtbarkeitsheros in Tiergestalt, als Atmosphäreheros mit Blitz und Donner, als vergöttlichter Heros, als unsterblicher, allmächtiger und schließlich verabsolutierter Vatergott, der letztendlich zu einem abstrakten philosophischen Prinzip ohne Personifikation und ohne Bezug zur Schöpfung wurde, bevor er ganz verschwand.

Diese Entwicklung vollzog sich nicht widerstandslos. Die vielen Mythen von Götterschlachten zeugen von dem Ringen zwischen matriarchaler und patriarchaler Weltordnung. Im Christentum, so Göttner-Abendroth, war es der alte Gott Luzifer, dessen Name *Lichtbringer* bedeutet und der sich auf den Morgenstern bezieht, der den Aufstand gegen den patriarchalen Gott Jahwe anführte. Als Strafe dafür, sich gegen den obersten Herrn zu wenden, wurde er aus dem Himmel verbannt. Der Lichtbringer stürzte in den Schoß der Erde, den Ort, den das Christentum zur Hölle gemacht hat. Tief drang er in die Materie ein und schwor, die von Jahwe verdrehte Ordnung wieder aufzulösen.

Ein Drittel der Engel und viele matriarchale Symboltiere folgten Luzifer und wurden mit ihm zusammen zu Dämonen degradiert. Er selbst fühlte sich einer weiblichen Gottheit verpflichtet, der Hagia Sophia, der Heiligen Weisheit, der großen Mutter, die noch im gnostischen Christentum verehrt wurde und das Universum zusammenhielt. Am Ende der Zeiten – dann, wenn die Vorstellungen von Zeit und Raum überwunden sind und die fünfte Dimension erreicht ist – reißt sich Luzifer aus den Fesseln der Unterwelt los und tritt dem Patriarchen als mächtiger Rebell entgegen. An seiner Seite steht, mitten im Himmel, das Haupt von Sternen bekränzt, die Hagia Sophia, die Mutter des Universums. Die zur Schlange, zum Drachen, zur Hexe degradierte Göttin wird rehabilitiert, und das Tier und der falsche Prophet werden in einen See von brennendem Schwefel geworfen. So steht es in der Offenbarung des Johannes.

Kein Gesetz des Vaters hat die Weisheit der großen Mutter brechen können. Die Geschichten sind bis heute lebendig. Demeter wird auch im patriarchalen Griechenland verehrt, Isis im patriarchalen Ägypten und Kali im patriarchalen Indien. Sie leben weiter in der Welt der monotheistischen Staatsreligionen, neben einem verabsolutierten Vatergott als einzigem Prinzip, neben der patriarchal ausgerichteten Philosophie und Wissenschaft, in denen das Weibliche stets das negative Prinzip darstellt, das Schlechte, das Verwerfliche, Unreine, Sündige, Böse, Irrationale, Unlogische, Beschränkte, Mangelhafte, von der männlichen Norm Abweichende.

Die Göttinnen leben auch in den alten Haus- und Zaubermärchen weiter. Als Abbilder der komplexen Praxis archaischer Gesellschaften sind sie, so Göttner-Abendroth, nur mithilfe eines kulturhistorischen Ansatzes zu deuten. In ihren Botschaften stehen sie den Mythen in nichts nach. Ihre Einfachheit erklärt sich aus den Gefahren, denen vor allem Frauen ausgesetzt waren, wenn sie das alte Wissen weitergaben. Statt von der Muttergöttin wurde von der Mutter gesprochen, statt von einer Tochtergöttin, Hohepriesterin oder Erbprinzessin nur von der Prinzessin. Systematisch wird auch hier den Frauen nach und nach alle Macht genommen. Aus unabhängigen und legitimen Erbprinzessinnen werden bestenfalls Prinzengattinen und aus Initiationsriten Liebessoaps. Die Erd- und Unterweltgöttin Hella, Urbild des Guten, Fruchtbaren, Gerechten, Mütterlichen, wird mit Frau Holle zu einer Art gutmütigen Hausfrau, bevor sie in späteren Erzählungen zu einer kinderfressenden Hexe wird.

Auch an der Epik des Mittelalters wird deutlich, wie scharf und bewusst der Konflikt zwischen matriarchaler und patriarchaler Denkweise ausgetragen wurde. Systematisch wurde versucht, die ursprünglichen Göttinnen zu degradieren und Erotik und Sexualität zu verteufeln. Die überall anwesende All-Göttin-Mutter wurde zum Drachen, und die begeiste(r)te Natur erscheint als Unordnung und Gefahr. Die Erdgöttin Hella wurde zur Hölle, und aus dem ursprünglich umfassenden All spaltete sich das Jenseits ab. In der christlichen Ethik kommt es zu einer wahren Antisexhysterie. Vor allem der weibliche Körper gilt als schmutzig und anstößig. Der heilige Hieronymos lehrte, dass auch in der rechtmäßigen Ehe aller Sexualität eine Verderbtheit anhafte. Der frühchristliche Gelehrte und Theologe Origines stellte als Erster die Behauptung auf, dass der Sündenfall von Adam und Eva ein sexuelles Vergehen gewesen sei und dass die Erbsünde alle Nachfahren belaste. Augustinus vertrat die Meinung, dass alle Menschen verderbt und böse seien, vor allem aber das Weib ein minderwertiges Wesen, das von Gott nicht nach seinem Ebenbild geschaffen wurde. Und Martin Luther fand, dass die Weiber hauptsächlich dazu bestimmt sind, die Geilheit der Männer zu befriedigen. Im besten Fall wurde die Frau darauf reduziert, Auffangbecken für den männlichen Samen zu sein und den Fortbestand der männlichen Linie zu gewährleisten. Alles läuft darauf hinaus, der Frau ihre ursprüngliche Schöpferkraft zu nehmen und sie steril zu machen. Nicht mehr die Frau soll die Gebärende sein, nicht mehr dem weiblichen Leib soll das Leben entspringen. Es ist der Mann, der für die Weitergabe des Lebens zuständig sein soll.

Dieser Gebärneid ist bereits im alten Ägypten angelegt. Pharao Echnaton ließ sich als schwangerer Mann abbilden. Im Griechenland der Antike entspringt die Kriegsgöttin Athene in voller Rüstung dem Kopf des Göttervaters Zeus. Seit Aristoteles wird die schöpferische weibliche Kraft praktisch geleugnet. In der *Orestie* gebiert nicht die Mutter das Kind. Sie ist nur, so steht es geschrieben, des frisch gesäten Keimes Näherin. Mit der Aberkennung ihrer Schöpferkraft ging der Frau auch die Würde verloren. Homer fand nichts scheußlicher, nichts unverschämter auf Erden als das Weib, und Diogenes, als er eine Frau an einem Ölbaum hängen sah, rief aus, dass doch alle Bäume solche Früchte tragen mögen. Bei Platon erscheint die Frau als minderwertiges Werk des göttlichen Schöpfungsakts, und bei Hippokrates bedarf sie eines Zuchtmeisters, denn sie hat von Natur aus das Zügellose an sich. Semonides von Amorgos erschien die Frau hässlich wie die Äffin, schmutzig wie die Sau, Hippias nannte sie ein Mistloch, eine Schamzeigerin und Gliedschüttlerin, und Hesiod befand, dass Aphrodites wichtigste Gaben an die Frau ihr Gequatsche, ihr Grinsen und ihre Tricks seien.[54]

In der antiken Hochkultur wurde angelegt, was das Ziel der posthumanen Epoche ist: der künstlich im Labor hergestellte Mensch ohne Mutter, ohne Leib, ohne Familie, ohne Bindung und Verantwortung. Zentrales Anliegen des Patriarchats ist es, Frauen und Natur voneinander zu trennen. Wie die Hexe, so der als neuzeitlicher Wissenschaftsgründer angesehene englische Philosoph und Staatsmann Francis Bacon, solle man die

---

54 Doris Wolf: *Es reicht. 5000 Jahre Patriarchat sind genug*, Dewe Verlag 2019.

Natur auf die Folter spannen, um ihr ihre Geheimnisse zu entreißen. So ist das Patriarchat weit mehr als eine veraltete Hausväterordnung oder politische Herrschaftsform, die heute bei vielen als überholt gilt. Politisch auf Dominanz und Aneignung ausgerichtet, beruht es nicht auf Egalität, sondern auf der Macht des Staates, der die Unvernünftigen verfolgt, die sich nicht fügen wollen. Nur diejenigen überleben, die sich der gegebenen Ordnung unterwerfen.

Die strengen Regeln, Gesetze, Sanktionen und Kontrollen verhindern Eigenständigkeit und ein gewaltfreies gemeinschaftliches Austragen von Konflikten. Es geht nicht darum, Frieden zu schließen, sondern den Krieg zu gewinnen. Dialoge und Friedensverhandlungen werden im Keim erstickt, und bei den Veranstaltungen derer, die sich für Frieden und für Verständnis auf beiden Seiten einsetzen, marschiert die Antifa auf oder wird die Keule des Antisemitismus geschwungen. Nichts soll die Menschen wieder zusammenbringen. Das System, das sich hieraus ergibt, ist letztendlich unlebbar, denn es schließt das Leben aus. So sieht die Soziologin und Politologin Claudia von Werlhof im Patriarchat eine utopische Gesellschaftsordnung ohne Wurzeln und ohne Zukunft.

Das Erstaunliche ist, dass diese Dystopie nicht nur von Männern, sondern auch von den meisten Frauen mitgetragen wird. Beherrscht von dem Gedanken, nie wieder zum unterworfenen Geschlecht gehören zu wollen, werden Frauen oft selber zu Tätern, indem sie die transhumanistische Ideologie mit den Männern zusammen vorantreiben. So ist auch die Frauenbewegung heute tief gespalten, zersetzt durch einen agnostischen Genderismus, in dem es nicht um Erkenntnis, sondern um ein Bedienen der bestehenden Ordnung geht. Das Geschlechtliche wird im physischen wie im geistig-seelischen Sinne herausgeschnitten und das Frausein patriarchalisiert. Damit, so Claudia von Werlhof, mündet die Utopie des Patriarchats nicht im Paradies, sondern in der düsteren Perspektive eines *no future,* in dem von der Erde am Ende nichts mehr übrig bleibt als künstlicher grauer Schleim.

Zwischen Omega und Alpha

Mit dem Patriarchat entstand ein regelrechter Ekel vor dem Natürlichen. Der kostbare Humus gilt vielen als Dreck, essbare Pflanzen werden als Unkraut bezeichnet, ursprüngliche Krafttiere wie Spinnen und Schlangen sind angstbesetzt.[55] Begriffe wie Frau, Mutter, Leib oder Natur werden, so Claudia von Werlhof, von der modernen Genderforschung regelrecht mit einem Tabu belegt.[56] Der Weg der Transformation des natürlichen Le-

---

55 https://www.manova.news/artikel/verlorene-macht

56 Claudia von Werlhof: *Die Verkehrung. Das Projekt des Patriarchats und das Gender-Dilemma,* Promedia 2011.

bens in ein künstlich gemachtes Ersatzleben wird auch dadurch geebnet, dass alles, was die Verbindung mit dem Natürlichen fördern würde, rechtsextremen Tendenzen zugeordnet wird. Unter dem Deckmantel von Schlagwörtern wie Fortschritt, Sicherheit, Ökologie, Toleranz und Solidarität und den hehren Zielen für eine nachhaltige Entwicklung, wie sie die Agenda 2030 des Weltwirtschaftsforums vorantreibt, verbergen sich die Ziele für eine neue Weltordnung, die es darauf abgesehen hat, sich letztlich alles Lebendige einzuverleiben.

»Kein Hunger mehr« bedeutet die Einführung von gentechnisch veränderten Lebensmitteln, »hochwertige Bildung« Massenindoktrination und »gesellschaftliche Gleichstellung« die Durchführung einer LGBTQ-Agenda. »Gesundheit« und »Wohlergehen« bedeuten die Einführung einer Pharmadiktatur, »weniger Ungleichheiten« die Einführung eines universalen Grundeinkommens, das nur die beziehen, die sich den Maßnahmen fügen, »sauberes Wasser« die Privatisierung von Trinkwasser, »mehr Sicherheit« biometrisches Tracking, »Klimaschutz« Geoengeneering und »Frieden« Krieg.

Die Karte des Mondes steht für das unbewusste Vergangene, für die Wurzeln, für Mütterlichkeit und Innerlichkeit. Sie fordert den Fragenden auf, hinter das Augenscheinliche zu blicken, und begleitet die Seele auf ihrer Suche nach dem göttlichen Ursprung. Dem Suchenden ist es unmöglich, die ganze Wahrheit auf einmal zu entdecken. Hier ist es erforderlich, Geduld zu haben und die Augen an die Dunkelheit zu gewöhnen, um die Realität zu erkennen. Die Karte des dem weiblichen Prinzip zugeordneten Mondes geht der Karte der dem männlichen Prinzip zugeordneten Sonne voraus. Bevor wir in unsere strahlende Kraft kommen, müssen wir an das Zarte, Verborgene, Empfindsame, Sanfte und Poetische in uns herantreten.

Geduldig verharrt der Reisende in der Stille der Nacht. Bedrohliche Schatten gleiten durch die Dunkelheit. Wie das ängstliche Kind unter der Bettdecke zieht er seinen Umhang um sich, als könne ein Stück Stoff ihn schützen. Er hat nur noch dies. Alles Harte, Starre, Maskenhafte ist von ihm abgefallen. Ganz leicht ist er geworden und durchlässig. Es gibt nichts mehr, was ihn nach unten zieht. Nur diese feine Hülle bleibt noch, von der er nur glaubt, sie können ihn schützen. So lässt er endlich auch sie fallen. Nackt und bloß steht er da, so, wie er ist, in seinem Licht, ein Mensch, verletzlich und kraftvoll zugleich.

So sind die letzten Schleier gefallen. Wir zeigen uns so, wie wir sind, ohne Verkleidung, ohne Schutzschild, ohne uns in einer Rolle zu verstecken, hinter unserem Erfolg, unserer Familie, unserem Partner, unserem Clan, unserer Arbeit, unseren Projekten, unseren Geschichten, unseren Gedanken. Nichts ist mehr da, was die Wirklichkeit verhängt. Dem Reisenden wird die Gnade zuteil, Erlösung zu finden. Diese Art von Gnade hat nichts mit Herablassung oder der Befreiung von einer verdienten Strafe zu tun. Wir erlangen sie nicht als Belohnung für korrektes Verhalten oder für eine besondere Anstrengung. Sie ist ein Geschenk. Die Gnade steht niemandem zu. Man kann sie nicht mit Ablasshandlungen erkaufen oder mit der richtigen Geburt erwischen. Denn die Gnade kommt nicht vom großen Übervater, sondern von der Mutter, die alle ihre Kinder liebt und für alle Sorge trägt.

An dieser Stelle finden Mond und Sonne zusammen. Die Sonne, Sinnbild der allumfassenden Liebe, wärmt alle Menschen, auch die, die ihr den Rücken zukehren und gegen ihre eigenen Schatten kämpfen. Symbolisch dem Männlichen zugeordnet, steht sie für Frieden, Harmonie und Klarheit. Nur zusammen mit dem Weiblichen kann sich auch das Männliche vollständig entfalten. Der Mythos führt an, der Logos schützt. Nur Geben und Nehmen zusammen bringen die Frucht zur Reife.

So treten wir aus der Dunkelheit heraus, wenn die Nacht am schwärzesten ist: kurz vor dem anbrechenden Tag. Hier, zwischen Abend und Morgen, Ende und Anfang, zwischen Omega und Alpha, finden wir das innere Gold, den Stein der Weisen, den ewigen Lebensfunken. Hier offenbart sich dem Reisenden, wonach er suchte. Noch ist es wie ein zartes Ahnen. Doch schon sieht er am Horizont sich eine Lebensgemeinschaft abzeichnen, die nicht pyramidal aufgebaut ist, sondern in konzentrischen

Kreisen, eine Kultur, in denen nicht einer alle kontrolliert, sondern alle alle sehen können. Nicht Krieg ist die neue Normalität, sondern Frieden, nicht Kontrolle, sondern Freiheit, nicht Angst, sondern Liebe, nicht künstliches Licht, sondern eine Sonne, die alle erleuchtet.

Mit der Verbindung von Sonne und Mond kehren wir in den Schoß der Mutter Erde zurück und damit in unsere eigene Mitte. Voller Freude gibt das Herz den Ton an. Wir haben keinen Sex mehr, sondern vereinen uns in einem Akt, der mehr ist als das bloße Erfüllen eines körperlichen Bedürfnisses. Wir machen Liebe. Keine Chimären entstehen aus dieser Verbindung, keine unnatürlichen Mischwesen, sondern echte Menschen, die aus der Verschmelzung eines magnetisch geladenen Eis und eines elektrisch geladenen Samenkopfes entstehen. Durch die liebevolle Vereinigung bildet sich ein Zeugungsfeuer, durch das ein lebensfähiger Mensch entsteht, der seine Inkarnation voll und ganz ausfüllt.

Gemeinsam entdecken wir die Liebe neu und geben der Sexualität das zurück, was sie ursprünglich ist: ein tiefes gegenseitiges Erkennen. In einem wogenden Prozess des Gebens und des Nehmens verbinden sich zwei Menschen miteinander und schwingen sich in die gemeinsame Ekstase: das Heraustreten aus sich selbst und die völlige Hingabe an den anderen. Das haben wir der künstlichen Befruchtung aus dem Labor entgegenzusetzen: richtig guten Sex! Im Bewusstsein seiner ursprünglichen Wildheit und seiner gleichzeitigen tiefen Verbundenheit mit dem Göttlichen positioniert sich der Mensch in seiner vollen Größe und erlebt in der Vereinigung der Körper einen Prozess, der nichts mit einem benebelnden Rausch zu tun hat, sondern mit lichtvoller Klarheit und einem tief empfundenen Glück.

Neue Dimensionen

Leichten Schrittes setzt der Reisende seinen Weg fort und schreitet dem Wesentlichen entgegen. Im Weltbild des Aristoteles war dieses Wesentliche der Äther. Neben den irdischen Elementen Erde, Wasser, Luft und Feuer ist er die *Quinta Essentia*, die Quintessenz, das fünfte Element. Im Periodensystem des russischen Chemikers Dmitri Mendelejew war der Äther noch vorhanden, bis er von dem jungen Patentbeamten Albert Einstein aus dem Periodensystem entfernt wurde. Fortan war alles relativ. Das Absolute gab es nicht mehr. Doch das Wesentliche schwingt noch mit. Es ist noch wahrnehmbar von Menschen, für die das Universum kein schwarzes Loch ist und das Leben kein alltägliches Einerlei aus Arbeiten, Konsumieren und Ablenken. Sie haben noch einen Zugang zu dem tiefen Wissen, das in allen ursprünglichen Kulturen lebendig ist: Der Kosmos ist von einer transzendenten Kraft durchdrungen. Sie ahnen, dass es mehr gibt zwischen Himmel und Erde als die Krumen, die das reduktionistische materialistische Weltbild übrig gelassen hat.

Während wir uns in unserer Welt in den vier Dimensionen Länge, Breite, Höhe und Zeit orientieren, umfasst die Quantenfeldtheorie des deutschen Physikers Burkhard Heim zwölf Dimensionen. Das, was wir als Materie bezeichnen, entspringt den geistigen Dimensionen und wird von diesen gesteuert. Die fünfte und die sechste Dimension sind ein energetisches Steuerungsfeld, das sich aus unseren Gedanken, Absichten, Erinnerungen und Gefühlen speist und eine Art universelle Datenbank bildet. Plotin und Paracelsus nannten sie Weltgedächtnis, die indische Theosophie und die Anthroposophie nennen sie Akasha-Chronik oder Buch des Lebens. Der britische Biologe Rupert Sheldrake nennt sie morphogenetische Felder. Die siebte und die achte Dimension umfassen ein globales Informationsfeld, in dem alle kosmischen Programme und Muster abgespeichert sind. Die Dimensionen neun bis zwölf sind die Dimensionen des reinen Bewusstseins und damit formlos. Ein schöpferischer Geist stößt alle darunterliegenden Prozesse an bis hin zur Bildung von Raum und Zeit.

Es gibt keine Materie! lautet der Titel eines Buches von Hans-Peter Dürr, Mitarbeiter von Werner Heisenberg und ehemaliger Leiter des Max-Planck-Instituts für Physik.[57] Wie kaum ein zweiter Naturwissenschaftler überschritt er die Grenzen zwischen Physik und Mystik und erforschte die geistige Realität hinter dem Augenscheinlichen. Der Philosoph Jochen Kirchhoff spricht, ausgehend von den Gedanken Giordano Brunos, von einem Kosmos, der von Leben und Geist durchdrungen ist.[58] Für den Biophysiker Dieter Broers ist die Welt das Ergebnis unserer Vorstellungen, Glaubensmuster und Emotionen. Wie Erwin Schrödinger geht er davon aus, dass es ein allumfassendes Bewusstsein gibt, in dem alle Lebewesen über die Resonanzfrequenzen von Gefühlen und Gedanken durch elektromagnetische Wellen miteinander verbunden sind.[59]

Diesen Erkenntnissen gemein ist, dass wir als energieerzeugende Wesen individuell und kollektiv bestimmte Energiefelder nähren. Sensible Menschen können sie als Stimmung spüren, wenn sie einen Raum betreten, in dem dicke Luft herrscht. Dort, wo mehrere Menschen zusammenkommen, bildet sich eine Art kollektives Energiefeld, das von individuellen Gedanken und Gefühlen genährt wird. Jeder Einzelne speist seine Energie in das Feld ein und trägt damit seinen Teil dazu bei, wie sich die Atmosphäre weiterentwickelt.

---

57 Hans-Peter Dürr: *Es gibt keine Materie! Revolutionäre Gedanken über Physik und Mystik*, Crotona 2012.

58 Jochen Kirchhoff: *Kosmos*, Ovalmedia 2022.

59 https://dieterbroers.com/

Die altgriechische und die russische Sprache haben ein Wort für diese Felder: Egregoren. Im tibetischen Buddhismus heißen diese metaphysischen Wesenheiten Tulpa. Sie ernähren sich von den Gedanken, Gefühlen, Glaubensvorstellungen, Wünschen und Visionen, mit denen wir sie buchstäblich füttern. Je mehr wir beispielsweise das Energiefeld Angst nähren, desto größer und stärker wird diese Wesenheit. Sie wächst weit über das Individuelle hinaus und umgibt uns gewissermaßen wie eine Wolke. Es liegt in ihrem Interesse, möglichst viel Nahrung zu bekommen. Ihr ist also daran gelegen, dass immer mehr Angst erzeugt wird. Sie kann gar nicht genug davon bekommen und stürzt sich auf unsere negativen Gedanken und Empfindungen wie wir auf die Chipstüte. Misstrauen, Groll, Bitterkeit, Hader, Wut, Missgunst und Feindseligkeit sind für sie köstliche Leckerbissen, und Panik ist ihr Festschmaus.

Früher nannten wir diese Wesenheiten Engel und Dämonen. Wir lebten mit ihnen zusammen, standen mit ihnen auf und gingen mit ihnen schlafen. Heute haben viele Menschen Probleme damit, sich vorzustellen, dass es überhaupt unsichtbare Kräfte gibt. Der Raum um sie herum ist leer. Sie haben sozusagen keine Antennen dafür, was sich um sie herum abspielt, und halten sich für aufgeklärt, wenn sie für die unsichtbare Welt kein Gespür entwickeln.

In der jüdisch-christlichen Kosmologie heißen die dämonischen Kräfte Luzifer und Satan. Beide sind am Schöpfungsmythos beteiligt. Sie gehören dazu und haben bestimmte Aufgaben zu erfüllen. Satan symbolisiert die materielle Dimension des Lebens und Luzifer die geistige. Das satanische Denken schließt das Geistige aus und ist allein auf das Körperliche ausgerichtet. Es ist gekennzeichnet durch einen hemmungslosen Hedonismus. Nach mir die Sintflut! Alles ist egal. Hauptsache, das Leben ist möglichst bequem. Was gemacht werden kann, das wird gemacht. Es lebe der Fortschritt! Auch im luziferischen Denken heiligt der Zweck alle Mittel. Doch hier steht die gute Tat im Mittelpunkt. Seht, was für ein guter Mensch ich bin! Seht, wie ich leuchte in meiner Solidarität mit den Alten und Schwachen, mit den jeweils als Opfer Geltenden, in meiner Toleranz für die, deren Sache gerade in ist, für das Klima, für die Demokratie, für die Impfung! Während Satan allein auf seinen eigenen Vorteil bedacht ist, gibt Luzifer vor, die Welt retten zu wollen. Gemein ist beiden, dass sie glauben, wir wären zu viele auf diesem Planeten.

Solange wir uns auf eine Seite schlagen und entweder Satan oder Luzifer füttern, solange unsere lichten und unsere dunklen Seiten nicht zusammengeführt sind, solange wir nur gut sein wollen und das Schlechte in uns nicht anerkennen, dreht sich das Rad des Schicksals immer weiter. Wie ein Pendel schlägt es zu beiden Seiten aus. Je mehr Kraft wir auf der einen Seite verwenden, desto stärker ist die Reaktion auf der anderen. Immer mehr schlägt das Pendel aus, immer schneller dreht sich das Rad. Wie Kinder auf der Schaukel juchzen die beiden und wollen, dass wir ihnen immer noch mehr Schwung geben. Mehr, mehr! rufen sie, wie der kleine Häwelmann in einem Märchen von Theodor Storm. Als seine Mutter beim Schaukeln seines Bettchens einschläft, bittet er den Mond, ihn in die Welt hinaus zu fahren. In der Stadt wird es ihm schnell zu langweilig, und auch im Wald. Mehr, mehr! Schließlich fährt er bis zum Ende der Welt, mitten in die Sterne hinein, sodass einige von ihnen vom Himmel fallen. Als er dem Mond über die Nase fährt, lässt dieser sein Licht erlöschen, und auch die Sterne gehen schlafen. Die aufgehende Sonne wirft den kleinen Häwelmann schließlich ins Meer. Und dann? fragt das Kind, dem das Märchen erzählt wird. Ja, und dann, weißt du nicht mehr? Wenn ich und du nicht gekommen wären und den kleinen Häwelmann in unser Boot genommen hätten, so hätte er doch leicht ertrinken können.

Wir können nicht damit rechnen, dass jemand vorbeikommt und uns vorm Ertrinken rettet. Doch wir können in die Mitte zurückkommen. Wir können die Schaukel in eine ruhige Position bringen und uns so verhalten, dass das unheilvolle Rad des Schicksals uns nicht mehr überrollt. Hierzu müssen wir beide Seiten anerkennen: die satanischen und die luziferischen Kräfte, unseren Egoismus und unser Bestreben, möglichst gut dazustehen. So können die beiden Antagonisten keinen Schaden mehr anrichten. Nur dann, wenn wir unsere Schwächen ebenso akzeptieren wie unsere Tugenden, kann Frieden eintreten. Die Bestie, auf der der Fuß des Erzengels ruht, ist gezähmt.

Das Böse, so schreibt Gitta Mallasz, ausgezeichnet als Gerechte unter den Völkern, die unter der nationalsozialistischen Herrschaft Juden vor der Ermordung gerettet hat, gibt es nicht wirklich. Es gibt nur noch nicht verwandelte Kraft.[60] Die allermeisten Menschen wollen gut sein. Fast alle wollen Frieden. Dem im Wege steht unsere Weigerung, uns auch mit dem anzunehmen, was wir nicht sein wollen. Der Weg zum Frieden führt mitten durch den eigenen Unfrieden hindurch. Indem wir uns uns selbst gegenüber verschließen, verschließen wir uns auch vor anderen. Wir werden rechthaberisch, überheblich und verurteilend. Wir hören einander nicht wirklich zu und wollen uns vor allem in unserer eigenen Meinung bestätigt sehen. Was uns schließlich böse macht, ist ein Mangel an Interesse am anderen. In den allermeisten Fällen wollen wir anderen Menschen nichts Schlechtes. Wir schaffen es nur nicht, unsere eigenen Schwächen und Begrenzungen zu integrieren. So schaffen wir uns einen künstlichen Glanz, eine Art Avatar, ein verkehrtes Abbild von uns.

Dieses Künstliche ist es, das das Energiefeld des Transhumanismus nährt. Damit wissen wir, was wir jetzt zu tun haben.

---

60 Gitta Mallasz: *Die Antwort der Engel,* Daimon 2018.

Verdrehen wir uns nicht mehr! Hören wir auf, uns zu belügen und anders erscheinen zu wollen, als die, die wir wirklich sind. Verstecken wir uns nicht. Wenn uns das gelingt, dann werden auch die Versteckspiele in der Außenwelt ein Ende haben, die Verdrehungen, die Verzerrungen und die Lügen. Finden wir das Gleichgewicht in unserer eigenen Mitte. Hören wir auf zu projizieren. Schalten wir die Bildschirme aus. Koppeln wir uns ab von den aggressiven Bildern, mit denen wir täglich bombardiert werden. Hören wir damit auf, Dystopien zu fördern. Füttern wir das Misstrauen nicht mehr, den Groll, die Sorgen. Gehen wir hinaus und lassen uns von der Natur inspirieren. Hören wir uns an, was sie uns zu erzählen hat, und schreiben wir neue Geschichten. Interessieren wir uns füreinander. Seien wir wie Momo. Seien wir echt!

TREULICH GEFÜHRT

Von guten Mächten treu und still umgeben,
behütet und getröstet wunderbar,
so will ich diese Tage mit euch leben
und mit euch gehen in ein neues Jahr.

Dietrich Bonhoeffer

In der Verbindung liegt die Kraft. Doch manche Beziehungen gibt es nicht mehr. In den vergangenen Jahren haben sich viele Menschen voneinander getrennt. Wir ticken im wahrsten Sinne des Wortes anders. Wir schwingen auf verschiedenen Frequenzen und nehmen die Dinge auf unterschiedliche Weise wahr. Vielleicht trauern wir einander hinterher. Doch tragen wir uns nichts nach. Wünschen wir denen, die einen anderen Weg als wir einschlagen, viel Glück. Es gehört zum Respekt der Würde und des freien Willens eines jeden, sich selbst zu entscheiden. Was wissen wir schon von den Lebensaufgaben der anderen? Gestehen wir einander das Recht zu, unsere eigenen Erfahrungen zu machen. So haben wir die Hände frei und können mit leichtem Herzen auf ein großes Fest zuschreiten.

Hochzeit

Nach langem Aufstieg nähert sich der Reisende der Spitze eines Berges. Hinter ihm liegen Höhen und Tiefen, Zweifel, Ängste und Fragen. Waren seine Entscheidungen richtig? Hat er die Trugbilder erkannt? Konnte er sich befreien von den alten Schlacken? Im Tarot bedeutet die Karte des Gerichts die rückblickende Wertung des Erfahrenen und schließlich Erleuchtung. Auf dem Weg zu einer neuen Identität nähert sich der Fragende seinem Ziel. Der Schmetterling hat sich aus der Verpuppung befreit. Die Raupe ist nur noch Erinnerung. Innerlich wie äußerlich hat sich der Mensch aufgerichtet. Er kriecht nicht mehr. Er ist groß geworden und breitet seine Arme wie Flügel aus, um die Welt zu erkunden, die jetzt vor ihm liegt.

Jetzt kann er es erkennen: Es ist da niemand anderes als er. Er ist Projektor, Leinwand, Vorführer und Publikum seines Lebensfilms in einem. Alles, was wir in unserem Leben erfahren, entspringt einer einzigen Quelle: uns selbst. Es gibt keinen äußeren Feind. Die Kriege, die wir geführt haben, haben wir gegen uns selbst geführt. So sind es auch wir, die diese Vorstellung beenden können. Dieses Spiel ist aus. Es beginnt ein neues Spiel. Alles, was uns an dieser Entscheidung hindern kann, sind unsere eigenen inneren Widerstände. Sind sie überwunden, eröffnet sich uns eine neue Realität.

So ist der Reisende bereit, dort einzutreten, wohin es ihn

immer gezogen hat. Vor ihm liegt das Paradies, das er verloren glaubte. Nicht als Bettler kommt er zurück, als der er losgezogen ist, sondern als König im eigenen Reich. Endlich hat er erkannt, was geschieht, wenn er die ihm innewohnende Schöpferkraft zurückhält. Um die Erniedrigungen, die Kränkungen und Entwürdigungen zu ertragen, die er sich über lange Zeit hat auferlegen lassen, hat er sich künstlich aufgebläht und so getan, als sei er jemand anderes. Was er ursprünglich war, hat er verraten. Um die Schmach zu ertragen, hat er gekämpft und eine Welt der Gewalt und der Lieblosigkeit erschaffen. Doch nun sind die Blasen zerplatzt. Wer sehen will, der kann sehen. Wer hören will, der kann hören. So treten wir mutig dem entgegen, was einmal unsere größte Angst war: dass wir unermesslich machtvoll sind.

Die Karte der Welt bedeutet im Tarot Ankunft. Der Reisende hat verstanden, dass er nicht die Welt besucht, sondern die Welt ist. Er ist das, was er im Außen erfährt und gespiegelt bekommt. Er ist die Kriege auf allen Kontinenten, er ist die Zerstörung der Natur, er ist die Ausbeutung, die Unterdrückung, das unermessliche Leid. Er ist all das. Und noch viel mehr. Indem er das Problem wahrgenommen hat, können die Lösungen kommen. Indem er sich in seinem Niedrigsten anerkannt hat, kann das Höchste in Erscheinung treten.

Die Fäden sind entwirrt, die Verdrehungen aufgelöst. Unverfälscht stehen sich die Gegensätze gegenüber und können einander endlich umarmen. Es gilt sowohl das eine als auch das andere. Wir sind gleichzeitig begrenzt und unermesslich mächtig. So erkennen wir uns in unserem Menschsein, in allem, was wir sind. Es ist der Moment der alchymischen Hochzeit, der Vermählung mit sich selbst, mit einem, der im Bewusstsein seiner Fähigkeiten voll und ganz zu sich steht. Mit geradem Rückgrat schreitet er zum Altar, auf dem noch das verbrennt, was ihn bis dahin kleingehalten hat. Zeugen einer Trauung gleich, in der er sich selbst das Vertrauen ausspricht, versammeln sich alle Karten um ihn, alle Archetypen, und geben ihm ihren Segen.

Das Wesen ist geläutert, zu innerer Reife gekommen. Der Samen ist bereit. Wann er aufgehen wird, ist ungewiss. Manche Samen warten jahrelang im Boden, bevor die Pflanze in kürzester Zeit meterhoch in die Höhe wächst. Doch wie es auch kommt: Wir können der Mutter Erde vertrauen, dass sie den Samen schützt. Dem Vater können wir vertrauen, dass er die Mutter schützt und das Kind, das heranwächst. Es wird ein Goldkind sein.

Ein Wunder ist geschehen, wie es sie in den alten Geschichten gibt. So können wir beginnen, eine Familie zu gründen: die Familie der Menschheit, die keinen Vater Staat braucht, der sie überwacht, und keine Technologie, die sie beherrscht. Die Individuen, die Unteilbaren, die wir sind, wissen: Ich bin wie du! Ich bin das alles auch, was ich in dir sehe. So sind wir, wie Martin Buber schrieb, am Du zum Ich geworden. Wir erkennen uns in all unseren Facetten und in unserer Verschiedenartigkeit an und machen uns gemeinsam an die Arbeit.

Die Wahlverwandtschaften, die wir bilden, werden kein tragisches Ende nehmen. Denn wir haben gefunden, was Frieden möglich macht. Die innere Kraft ist freigelegt. Wir hatten den Mut, aufzustehen und uns auf den Weg zu machen. Den Gefahren haben wir ins Auge geblickt und sind ihnen nicht ausgewichen. Wir haben gesehen, wohin uns eine fehlgeleitete Technologie führt und eine Maschine, die Gott spielt. Wir haben die Trennung überwunden, die Selbstlügen, die Verwirrung, die Sinnlosigkeit, die Feindbilder, die Schuld und das System im Kopf. Die falschen Meister sind entlarvt. Wir haben gelernt zu verzeihen. Die alten Programme sind gelöscht. Wir haben uns erinnert und uns leicht gemacht für die Etappe, die nun vor uns liegt.

Ich mach mir die Welt

In der Physik bedeutet Resonanz das Mitschwingen oder Mittönen eines Körpers mit dem anderen. Wie stehen wir miteinander in Beziehung? Wie klingen wir in die Welt hinaus? Wer schon einmal in einem Chor gesungen hat, der weiß, dass wir gemeinsam auch die schiefen Töne ausgleichen. Wir stimmen uns aufeinander ein und klingen zusammen wie Metronome, die sich auf einer freischwingenden Platte synchronisieren. Um nicht in militärischen Gleichschritt zu verfallen, braucht es immer wieder Tänzer, die das Ganze neu anstoßen. Die Karten werden neu gemischt. Ein neues Spiel beginnt.

Im Tarot ist die Karte des Narren die einzige Karte ohne Nummer. Sie repräsentiert gleichzeitig den Anfang und das Ende des Spiels. Die Hose von einem Hund zerrissen, steht der Narr gleichermaßen für Verletzlichkeit und Sorglosigkeit, Fröhlichkeit und Versagen, Wissen und Scheitern. Mit ihm ist alles möglich. Er ist der Herr zweier Welten. So beginnt mit dem Narren eine neue Etappe. Der Held ist nach Hause gekommen. Er hat sein gefundenes Wissen geteilt und die Welt, die er einst verlassen hat, mit seiner Ausstrahlung verändert. Gleichzeitig ist er ihr entwachsen und ihr fremd geworden. So ist seine Reise nicht zu Ende. Seine Ankunft ist ein neuer Beginn. Erfüllt von seinen Erfahrungen und offen für Neues setzt der Held seinen Weg fort.

Dort, wohin er aufbricht, werden neue Töne erklingen, Töne, die dem Frieden, der Harmonie und der Gesundheit förderlich sind. Die neue Welt schwingt anders als die, die er hinter sich zurückgelassen hat. Der Kammerton, der im Jahre 1939 willkürlich auf eine Schwingung von 440 Hertz angehoben und 1953 trotz der Petitionen zehntausender Musiker zur ISO-Norm ernannt worden war, wird wieder zurückgestellt auf 432, eine Frequenz, die harmonisierend auf Körper und Geist wirkt. Sie unterstützt die Synchronisation der Gehirnhälften und fördert einen gesunden Zellstoffwechsel. Schon die Hebräer, die alten Ägypter und die Sumerer stimmten ihre Instrumente nach der pythagoreischen Sexte. Aus einer neuen Harmonie heraus können wir das ins Zentrum unserer Aufmerksamkeit stellen, was allen unseren Erfahrungen Sinn gibt: die Weiterentwicklung unseres bewussten Seins.

Das Universum erscheint uns wieder als das, was es ist: ein Raum voller Leben und Schönheit. Mit feinen Antennen können wir wieder wahrnehmen, was seit der griechischen Antike als Sphärenmusik bezeichnet wird. Sie basiert auf der auf Pythagoras zurückgehenden Vorstellung, dass bei der Bewegung der Himmelskörper und der sie tragenden Sphären Töne entstehen, die einen harmonischen Zusammenklang ergeben. Demnach ist der Kosmos eine durch mathematische Proportionen optimal geordnete Ganzheit, die dieselben Gesetzmäßigkeiten zeigt wie die Musik.

In seinem Werk *Harmonices mundi* belegte bereits Johannes Kepler die Annahme eines harmonisch geordneten Kosmos. Auch Wolfgang von Goethe und Rainer Maria Rilke schrieben von einer Sphärenmusik, und Gustav Mahler sagte von seiner achten Sinfonie, dass nicht Menschenstimmen klingen würden, sondern Planeten und Sonnen. Hartmut Warm, Forscher für planetarische Bewegungsstrukturen und Naturästhetik, macht diese Klänge in eindrucksvollen Bildern sichtbar. In ihnen wird erkennbar, dass in den Bewegungen der Planeten unseres Sonnensystems urbildhafte geometrische Formen und heilige Symbole verborgen sind.[61] Auch hier bestätigen einmal mehr die Erkenntnisse der modernen Wissenschaft das uralte Wissen über das Wirken einer geheimnisvollen schöpferischen und absichtsvollen Kraft im Universum. Als Archetypen strahlen die Bilder eine Energie aus, die uns unmittelbar und tief im Inneren berührt. Wir begreifen, dass wir inmitten einer Zeit voller Unruhen und Wirrnisse in eine höhere kosmische Ordnung eingebettet sind, mit der es gilt, erneut in Einklang zu kommen.

Fernab der großen Straßen geht der Reisende seiner Wege. Mit jedem Schritt webt sich ein unsichtbares Netz von Ort zu Ort, von Mensch zu Mensch, und bringt alles zueinander in Bezug. Es ist die Spinne, die in der Kosmologie der Maya die Große Mutter symbolisiert, die Göttin allen Lebens. Ihr Netz ist das Gewebe, das Raum und Zeit zusammenhält. Auch in den Schöpfungsmythen der Hopi und der Navajo ist die Schöpferin des Universums eine große Spinne.

In ihrem Buch *The wild wisdom of weeds*[62] erzählt Katrina Blair, wie der große, dicke Bauch der Spinne alles enthält, was

---

61 Hartmut Warm: *Die Signatur der Sphären. Von der Ordnung im Sonnensystem*, Keplerstern 2011.

62 Katrina Blair: *The wild wisdom of weeds, 13 essential plants for human survival*, Chelsea Green Publishing Co. 2014.

es im Universum gibt. Doch die Spinne fühlte sich allein. Ihre Einsamkeit brannte wie Glut in ihr und wurde zu einem Feuer, so heiß, dass ihr Bauch schließlich platzte und sich die in ihm enthaltene Vielfalt ins Universum ergoss. Obwohl jedes Lebewesen einzigartig war, fühlten sich alle als eine Familie, die von der großen Mutter abstammte. Sie lebten in Freude und Gesundheit, und die Welt war ein Ort voller Harmonie und Frieden. Eines Tages jedoch begann etwas, sich aus dem großen Ganzen herauszutrennen. Aufrechtgehende Zweibeiner begannen, Tiere einzusperren, Wasser und Böden zu vergiften und die Natur zu kontrollieren. Die große Spinne war darüber sehr betrübt. Als sie sah, was die Menschen angerichtet hatten, entstand in ihrem Bauch erneut ein Feuer. Zum Neumond öffnete sie sich, und es ergossen sich Abermillionen Samen von wilden Kräutern über die gesamte Erde. Die wilden Kräuter hatten die Fähigkeit, überall zu leben, trotz Kälte, Dürre und Zerstörung. Als aus den Samen starke Pflanzen geworden waren, hatten diese die Gabe, den Menschen ihre Kraft zurückzugeben. Denn sie erinnerten sie an ihre Herkunft. Zunächst bemerkten sie die wilden Kräuter kaum, die vor ihren Füßen wuchsen. Doch mit der Zeit fingen sie an, sie zu sammeln, sie zum Essen zu benutzen und als Medizin. Und so erinnerten sie sich an den Faden, der zurück bis zu ihrer ursprünglichen Herkunft reicht. Sie spürten wieder ihre Intuition und ihr Herz. Es war, als ob ein Netz der Liebe sie eingefangen hatte und ihnen zuflüsterte, warum sie am Leben sind.

Die Kräuter, von denen die Erzählung spricht, kennt jeder. Löwenzahn heißen sie und Malve, Wegerich, Vogelmiere, Sauerampfer, Distel, Klee, Gänsefuß und Portulak. Sie wachsen überall. So sind es die kleinen, unscheinbaren Mauerblümchen, die die Welt erneut zu einem blühenden Garten machen. Sie durchdringen den Asphalt und überziehen den Beton mit einem grünen Kleid. Auch wenn es Jahrhunderte dauern wird, Jahrtausende vielleicht, bis die Spuren einer Zivilisation verschwunden sind, von der es heißt, sie sei dem Wahn verfallen gewesen, sich selber auszulöschen: Das Leben bahnt sich seinen Weg und passt sich an alle Umstände an. Myzelien gleich, dem fein verzweigten Pilzgeflecht, das den Boden durchzieht, ist alles Lebendige miteinander verbunden und wirkt zum Wohle des Ganzen. Es gibt Pilze, die Radioaktivität neutralisieren, und Mikroorganismen, die Plastik zersetzen. Es ist nicht zu spät. Das Netz der Spinne ist überall und sorgt dafür, dass sich die Natur wieder erholt, wenn wir sie nur lassen. Wir müssen nichts Besonderes dafür tun. Gehen wir einfach hinaus.

Ein Jahr lang hat der Wildnispädagoge Bastian Barucker in der Natur gelebt. In der nordamerikanischen Wildnis hat er sich auf Spurensuche nach Natürlichkeit und Ursprünglichkeit begeben.[63] Hierbei geht es um mehr als um den Schutz der Natur,

---

63 https://bastian-barucker.de/

einen Versuch, in letzter Sekunde das Steuer herumzureißen. Es geht um Selbsterkenntnis.[64] Die Natur hilft uns dabei. Sie kann uns alles lehren. Aufenthalte im Wald, so Barucker, lassen uns förmlich neu aufleben. Sie sind stressreduzierend, lassen Puls und Blutdruck sinken und erwirken eine Abnahme der Cortisolkonzentration. Das sogenannte Waldbaden hält Körper und Seele gesund. Es stärkt das Immunsystem und beugt Krankheiten vor. In der Natur lernen wir Dankbarkeit, Demut und Verbundenheit und erfahren Zufriedenheit, Glück und eine tiefe Menschlichkeit. Hier wird die Basis geschaffen für eine gesunde und respektvolle Art des Zusammenlebens. Ideen, Initiativen und Projekte, wie sich dieses Leben gestalten kann, gibt es genug. Doch bevor wir in Aktion treten, müssen wir noch einmal in die Tiefe blicken.

Das Kind aus dem Brunnen holen

Eine traumatisierte Psyche, so der Psychologe Franz Ruppert, erkennen wir daran, dass sie auf das Außen fixiert ist.[65] Sie wertet die Selbsterkenntnis ab, einen traumatischen Schaden er-

64 https://www.rubikon.news/artikel/wir-sind-natur-2

65 Elvira Driediger: *Die Zukunft beginnt heute: Impulse für einen gesellschaftlichen Wandel,* Driediger Verlag 2022.

litten zu haben, und rettet sich in eine Welt voller Illusionen. Hierbei gleicht sie einem Auto, bei dem Lenkung, Gas- und Bremspedal nicht mehr richtig funktionieren. Selbst wenn ein Reifen platt ist, merkt es der Betroffene nicht und fährt einfach weiter, als sei nichts geschehen. Dagegen kann er sich hingebungsvoll darum bemühen, einen Kratzer im Lack der Karosserie auszubessern, damit von außen alles schön aussieht.

Eine gesunde Psyche hingegen kann unterscheiden zwischen Innen und Außen, Realität und Illusion, Wahrnehmung und Projektion. Sie erkennt den Unterschied zwischen Ich, Du und Wir, Vergangenheit, Gegenwart und Zukunft, Leben, Überleben und Tod. Ein Mensch mit einer gesunden Psyche ist in sich glücklich und wünscht anderen Menschen ebenfalls dieses Glück. Er braucht keine Feindbilder. Er braucht es nicht, recht zu haben. Ein glücklicher Mensch weiß um die tiefe Verbundenheit und kennt die Bedeutung der Liebe. Er weiß, dass das gesamte Leben auf Liebe begründet ist und aus ihr heraus entsteht. Beim Liebesakt öffnet sich die Eizelle, wenn der Richtige kommt. Die Frau bietet dem Leben den Boden, auf dem es wachsen kann. Die Mutter hält ihr Kind und nährt sein Bedürfnis, gesehen zu werden, verstanden, unterstützt. Sie schenkt ihm das Gefühl, willkommen zu sein und dazuzugehören, und gibt ihm damit die Möglichkeit, aus der Geborgenheit heraus seine Bedürfnisse nach Selbstwahrnehmung, Autonomie und Freiheit zu entwickeln.

Wie viele Menschen nicht von dieser Art von Liebe genährt wurden, zeigt sich in der Bereitschaft unserer Gesellschaft zu gehorchen. Ist nicht Liebe, sondern Angst die antreibende Kraft, erstarren wir innerlich und lösen uns förmlich auf. Wir entwickeln ein rigides, oberflächliches, eindimensionales, rechthaberisches, realitätsabwehrendes, zwanghaftes, verkopftes Ersatz-Ich, das sich mit Selbsttäuschungen und Lügen durchs Leben schlägt. Um diese krankhafte Persönlichkeitsstörung aufzulösen, muss das Dunkelfeld des Unbewussten ausgeleuchtet werden.

In 30 Berufsjahren entwickelte Franz Ruppert die Identitätsorientierte Psychotraumatherapie, die über Resonanz – die informatorische und energetische Rückkopplung beim Senden und Empfangen psychischer Inhalte – Selbstbegegnungen ermöglicht. Der Therapeut verbindet sich nicht in endlosen Diskussionen mit den Traumaüberlebensstrategien seines Patienten, sondern verbündet sich sozusagen mit dessen gesunden Anteilen. Erst wenn diese Anteile mehr Gewicht in der Psyche des Menschen erhalten, können auch die traumatisierten Anteile aus der Verbannung geholt und ins Licht des Bewusstseins gebracht werden. Hierbei ist die Identitätsorientierte Psychotraumatherapie mehr als eine Möglichkeit, individuelle Störungen aufzulösen. Sie ist gleichzeitig auch ein Werkzeug für politische Fragestellungen. Für Franz Ruppert ist das Persönliche politisch und das Politische persönlich. Zentrale Frage ist hier, ob Politik mit Weltuntergangs- oder mit Lebensfreudenarrativen gemacht wird und ob die persönlichen und politischen Entscheidungen dazu beitragen, die Menschen glücks- und friedensfähiger zu machen.

Hierzu braucht es keinen Staat. Die in der griechischen Antike entstandene Annahme ist irrig, der Staat sei im Menschen veranlagt wie der Baum im Samen. Der Staatenlose wird nicht den Unbillen der Natur zum Opfer fallen. Wir sind Natur. Wir brauchen keine Staatsmänner, die dafür sorgen, dass wir in Sicherheit sind. Die staatlich-unternehmerischen Interessen sind es ja, die die Welt mit Kriegen überschwemmen. 98 Prozent der Menschen, so der Friedensforscher Daniele Ganser, wollen andere Menschen nicht töten.[66] Es gibt nur eine ganz kleine Gruppe von Wesen, die Krieg wollen und die die Menschen gegeneinander aufhetzen. Wir brauchen keine Sherriffs, die uns überwachen und einsperren, keinen Traum vom Wilden Westen, in dem wir die Ureinwohner abknallen, um an ihr Gold zu kommen. Wir wissen, dass wir das Gold in uns tragen. Wir brauchen keine Filmindustrie, die uns im alten Traum der Eroberung gefangen hält. Wir brauchen einen neuen Traum vom friedlichen Zusammenleben. Wir brauchen keinen Staat. Wir brauchen Menschen mit Eigenverantwortung und Bewusstsein. Wir brauchen keinen Krieg. Wir brauchen Liebe.

Für die neue Zeit braucht es Menschen, die ihre Ichhaftig-

---

66 https://www.siper.ch

keit, ihre Wehleidigkeit und ihre Selbstgerechtigkeit überwunden haben und aus der Kinderphase ihrer Entwicklung heraustreten. Wir brauchen Frauen und Männer, die sich selbst wieder spüren, Menschen, die dazu in der Lage sind, sich in andere hineinzuversetzen, ohne sich selbst dabei zu verlieren. Wir brauchen Mütter, die sich von ihren Verletzungen befreit haben und ihren Kindern gleichermaßen Wurzeln und Flügel geben können, und Väter, die sie dabei unterstützen. Wir brauchen Menschen, die ganz sind, heil, eins und einig mit sich selbst, Menschen, die sich ihrer Wirkmacht bewusst sind und die sich nicht mit ihrem Körper, sondern mit ihrem Seelenselbst identifizieren. Diese Menschen sind dazu in der Lage, aus dem künstlichen Staatengebilde herauszutreten und lebendige organische Gemeinschaften zu bilden.

Nicht der Staat ist als Samenkorn in uns angelegt, sondern die Gemeinschaft: *communis*. Kommunizieren wir. Treten wir respektvoll und mutig aneinander heran, ohne die Grenzen des anderen zu überschreiten. Lassen wir uns nicht gegenseitig vor der Tür stehen. Laden wir uns ein und hören wir einander zu. Tun wir es aufmerksam und wohlwollend und fallen wir einander nicht ins Wort. Setzen wir uns zusammen an einen Tisch. Geben wir unseren Gedanken und Gefühlen Ausdruck und machen wir von unserer ureigensten Fähigkeit Gebrauch: der Sprache. Sprechen wir uns aus. Befreien wir uns, bringen wir aus uns heraus, was sich eingeprägt hat. Behalten wir die Dinge nicht für uns, sondern teilen wir uns mit.

Ursprünglich, so der Sprachforscher Roland Ropers, ist die Sprache eine Separierungskraft, die uns erlaubt, die Dinge voneinander zu unterscheiden: *Se-pa-ra-che.* Die Zerlegung in seine Einzelteile von dem, was wir wahrnehmen, ermöglicht es uns, uns miteinander zu verständigen. So wirkt Sprache gleichzeitig trennend und verbindend. Sie ist organisch und wandelbar. Wir können mit ihr spielen und Begriffe neu erfinden. Ropers erfand Worte wie Etymosophie – die Liebe zum Wort – und Kardiosophie – die Liebe zum Herzen[67] und erinnert an den Ursprung der Begriffe Konkurrenz: *concurrere* – zusammenlaufen – und *recordare:* sich erinnern – zum Herzen zurückgehen.[68] Doch wir sehen nicht nur mit dem Herzen gut, so ein viel zitierter Spruch aus dem *Kleinen Prinzen* von Antoine de Saint-Exupéry. Wir hören auch gut mit dem Herzen. In jedem Wort klingt etwas mit. Es ist das, was als Sprache der Vögel bezeichnet wird.

Seit dem Paläolithikum gilt sie als mystische, magische, engelhafte und göttliche Sprache. In den nordischen Erzählungen ist die Gabe, die Sprache der Vögel zu verstehen, ein Zeichen höchster Weisheit. Salomo und David sollen sie gelehrt haben, und auch in der griechischen Mythologie spielt sie eine große

---

67 https://www.epochtimes.de/tag/etymosophie/page/2

68 https://www.kardiosophie-network.de/

Rolle. In den Volksmärchen übermitteln sie dem Helden wichtige Informationen, und in der Alchemie gilt die Sprache der Vögel als Schlüssel zu perfektem Wissen. Um diese Sprache zu verstehen, ist es so, als versuche man, in den 3-D-Darstellungen des *Magischen Auges* den eingearbeiteten Gegenstand zu erkennen.[69] Wir können sie nur erfassen, wenn wir ganz entspannt sind, offen und die Dinge kommen lassen. Es beginnt wie ein Ahnen, bevor ganz deutlich wird, was in den Wörtern und Wortsequenzen mitklingt: in einsam ist ein Samen, in der Finsternis der Stern, im Licht das Ich, und in der Wunde klingt auch das Wunder mit. Der Besonnene ist von der Sonne beschienen, erwachen und erwachsen gehören zusammen, und Wissen ist schaffend, kreativ. Die Sprache der Vögel zeigt uns den Weg zu einer neuen Sprache der Liebe, die über die alte Form hinausgeht, und hilft uns dabei, uns weiter zu ent-wickeln: *evolvere*.

Ursprünglich bedeutet Evolution, dass alles schon da ist. Alles ist im Samen angelegt. Es muss sich nur noch entfalten. Doch anstatt der Evolution wurde uns ein künstlicher Fortschritt eingeredet, den es in der Natur nicht gibt. Dieses Unnatürliche hat seinen Ursprung in einem Denken, in dem es um einen sündigen und fehlerhaften Menschen geht, um unnatürliche Empfängnis und um den Sieg über den Tod. Blutüberströmt hängt

---

69 Cheri Smith: *Das magische Auge: Optische Illusionen in 3-D,* Moses Verlag 2017.

der Gekreuzigte an allen strategisch wichtigen Orten der christlichen Welt. Oft ist das Kreuz verloren gegangen, die Verbindung von Horizontale und Vertikale, und nur der gepeinigte Körper übrig geblieben, der die ursprüngliche Botschaft der Liebe zum Schuldsymbol verfremdet hat.

Unter dem allessehenden Auge herrscht der verkehrte Christus über eine Welt, die dem Weiblichen seit zwei Jahrtausenden keine Chance lässt. Während es Maria gerade noch als jungfräuliche Mutter geben darf, ist für Maria Magdalena kein Platz an der Seite Jeshuas. Denn wie sähe die Welt heute aus, wenn diese beiden als Paar anerkannt wären? Was wäre, wenn sie Nachkommen hätten, wenn es nicht nur einen Auserwählten gäbe, sondern unzählige, unabhängig von ihrer Hautfarbe, ihrer Nationalität und ihrer Religionszugehörigkeit? Was wäre, wenn sich die Botschaft dieser Liebe überall verbreitet hätte? Die Welt wäre eine ganz andere gewesen. Wäre Maria Magdalena als Gefährtin Jesu anerkannt worden, hätte es das Zölibat nicht gegeben und das Leid, das der ganzen Welt daraus erwachsen ist: das Leid der Männer, denen es auferlegt wurde, das Leid der gepeinigten und vergewaltigten Frauen und das Leid der gequälten und missbrauchten Kinder. Unter dem Deckmantel der reinsten Liebe und des höchsten Schutzes verbirgt sich die dunkle Kinderstube des Trans- und schließlich des Posthumanismus, der danach trachtet zu verhindern, dass der Mensch in ein erneutes goldenes Zeitalter tritt.

GRANDE RENAISSANCE STATT GREAT RESET

Wenn einer allein träumt, ist es nur ein Traum.
Wenn viele gemeinsam träumen, ist es der Anfang
einer neuen Wirklichkeit.
FRIEDENSREICH HUNDERTWASSER

Es gab einmal eine Zeit, in der die Erde eins war. Pangäa heißt der Urkontinent, der alle Landmassen des Planeten umfasste und etwa 150 Millionen Jahre vor unserer Zeitrechnung begann auseinanderzutreiben. Es gab einmal eine Zeit, in der die Menschen in Frieden und moderatem Wohlstand zusammenlebten. Es kann sie wieder geben. Um sie zu realisieren, stehen uns die Urvölker des Planeten mit ihrem Wissen zur Seite. Sie haben es für uns bewahrt. Die, denen wir unermessliches Leid angetan haben, geben uns Geleit in eine Zeit, in der die Technologie entthront und an ihren Platz verwiesen wird. So wird die Technik wieder zu dem, was sie ist: keine Macht, bei der sich alles bündelt und die uns alles abnimmt, kein Führer, der die Weltherrschaft erringen will, sondern ein Werkzeug, das es gilt, mit Bedacht und Geschick zu benutzen.

Völlig losgelöst

Leben, daran besteht heute kein Zweifel, ist auch auf anderen Planeten als der Erde möglich. Vielleicht werden einige von uns irgendwann den Mars oder den Mond besiedeln oder bis weit in andere Galaxien vordringen, in ein Sonnensystem, in dem ein Forschungssatellit der NASA einen erdähnlichen Exoplaneten entdeckt hat, auf dem Leben möglich sein soll. Doch wir sind Erdlinge. Unser Zuhause ist hier. Anstatt auf Außerirdische zu setzen, besinnen wir uns auf unseren Mutterplaneten.

Vera Zingsem, Mitinitiatorin des Vereins PolyThea für weibliche Spiritualität und postpatriarchale Visionen[70], prägt den Begriff erdlich werden. Sie erinnert an Maat, die altägyptische Göttin der Wahrheit, der Gerechtigkeit, der Weisheit und der Harmonie. Eine Straußenfeder ist ihr einziger Kopfschmuck. Eine schlichte Feder symbolisiert die gesamte kosmische Ordnung. Diese unsagbar subtile und komplexe Ordnung ist nicht in Granit gemeißelt. Sie wiegt nicht Hunderte von Tonnen, sondern ist federleicht.

In dieser Ordnung gehört der Tod zum Leben. Er ist der Gegenpol zur Geburt. Ohne Geburt gibt es keinen Tod, und ohne Tod gibt es keine Neugeburt. Das eine bedingt das andere. Bei bei-

70 https://polythea-tempel.de

den Lebensereignissen treten wir durch einen engen dunklen Tunnel, an dessen Ende uns etwas Unbekanntes erwartet. Der Moment wird kommen, an dem wir uns von unserem Körper verabschieden müssen. Das ist die einzige Sicherheit, die wir haben. Auch ein gechipptes Gehirn und getunte Organe werden daran nichts ändern. Auch wenn wir noch so gewaltige Imperien errichten und noch so viele Spuren hinterlassen, die nach Jahrtausenden noch an unsere Existenz erinnern: Der Vorhang wird fallen. Das Ende wird kommen.

Viele Menschen glauben heute an Wiedergeburt. Im Buddhismus und im Hinduismus, nach dem Christentum und dem Islam die drittgrößte Religionsgruppe der Erde, ist der Glaube an die Reinkarnation fest verankert. Wir sind Bewusstsein auf Reisen, das immer wieder neu inkarniert. Auch viele Menschen anderer Glaubensrichtungen glauben an die Existenz einer unsterblichen Seele. Ob wir daran glauben oder nicht: Wie anders wäre die Welt, wenn jeder davon ausginge, dass er früher oder später die Konsequenzen für sein Verhalten zu tragen hat? Er ließe keinen Müllhaufen hinter sich zurück. Er würde zu Lebzeiten aufräumen und sich darum bemühen, mit möglichst leichtem Gepäck auf die ganz große Reise zu gehen. Er wüsste, dass am Ende des Tunnels keine gigantische Waschmaschine steht, die ihn von allen Sünden reinwäscht. Ihm wäre bewusst, dass er sich nicht einfach so davonstehlen kann. Das, was er anderen und sich selbst einmal angetan hat, kommt zu ihm zurück.

Was würden wir tun, wenn wir genau wüssten, dass es sich so verhält? Würden wir andere Menschen und Völker hassen und bekämpfen, nur weil man es uns sagt? Würden wir einem nuklearen Krieg zustimmen, wenn wir hinterher aufräumen müssten? Würden wir weiter an unseren eigenen kleinen Komfort denken, während draußen Menschen bedroht und verfolgt werden, weil sie selbstbestimmt und friedlich leben wollen? Würden wir einer erneuten Hexenverfolgung gegenüber Andersdenkenden zustimmen? Würden wir andere als Verschwörungstheoretiker, Covidioten oder Antisemiten beschimpfen, weil sie eine andere Meinung haben als wir? Würden wir zulassen, dass andere es tun? Oder würden wir endlich aufwachen und anfangen, gemeinsam eine wirklich schöne neue Welt aufzubauen?

Auch wenn wir nicht an Reinkarnation glauben: Wenn wir heute hinter uns eine Welt zurücklassen, die aussieht wie *Brave New World, 1984* und *Brazil* zusammen, dann können wir nicht ausschließen, dass wir zurückkommen, um die Rechnung zu bezahlen. Würden wir dann immer noch nicht über den Rand der eigenen Kaffeetasse hinwegschauen? Oder würden wir uns einen zweiten Kaffee einschenken und demjenigen, der uns gegenübersitzt, endlich ein wenig zuhören, ohne aus der Haut zu fahren, weil er etwas sagt, was nicht unserem eigenen Weltbild entspricht? Wie wäre es, wenn wir uns darauf einließen, unsere kostbare Lebenszeit nicht in einem Horrorfilm zu verbringen, sondern an dem Szenario für einen Liebesfilm mitzuwirken?

In diesem Film fliegen wir von Blüte zu Blüte und holen den Pollen ein. Unsere Erfahrungen tragen wir nach Hause, zum Wohle des Ganzen, bevor wir erneut ausziehen, um neue Erfahrungen zu machen und neues Wissen zu sammeln. Langweilig wird es uns dabei nicht. Dafür ist gesorgt. Irren ist menschlich. Unsere Fehler begleiten uns und bleiben unsere treuen Gefährten auf dem Weg unserer weiteren Entwicklung. In einem immerwährenden Zusammenspiel von Täuschung und Enttäuschung erlangen wir immer neues Wissen, das wir jedes Mal, wenn wir von einer Reise zurückkehren, wie ein neues Werkzeug auf den Tisch des Magiers legen.

Mit unseren Erfahrungen lernen wir die eigene Vollkommenheit kennen, die es zu enthüllen gilt. So werden wir immer leichter, immer durchlässiger, immer beweglicher. Wir verbessern unsere intuitiven und telepathischen Fähigkeiten und lernen, unsere selbstauferlegten Begrenzungen zu überwinden und neue Möglichkeiten zu erschließen. Als treuer Begleiter hilft uns unser Körper dabei, uns immer weiterzuentwickeln. Er ist perfekt für unsere Reise konzipiert. Wie aufsteigende Räder sind seine Energiezentren auf ihm angeordnet. Aus der Yogalehre sind sie uns als Chakren bekannt. Sieben der Hauptchakren liegen auf der senkrechten Mittelachse des Körpers: Wurzel-,

Sakral-, Solarplexus-, Herz-, Hals-, Stirn- und Kronenchakra. Sie versinnbildlichen die Reise des Menschen von seinen Wurzeln bis zu hin zu seiner Krönung. Aus der tiefen Verbundenheit mit der Erde strömt die Energie in den Schoßraum ein und gibt uns Halt. Von hier aus strebt sie empor und entfacht den Funken der schöpferischen Kraft. Lassen wir diese Kraft weiter aufsteigen, bringt sie die Sonne in unserer Körpermitte kraftvoll zum Strahlen. Unser Herz ist der Übergang der materiellen in die geistigen Dimensionen, das Tor in eine Welt, in der die Liebe das erste Wort hat. Das Wort kommt über die Stimme zum Ausdruck. Das geistige Auge in der Mitte der Stirn öffnet die Wahrnehmung für die höheren Dimensionen und führt uns schließlich zu unserer Krönung, bei der nicht wir bestimmen, sondern eine Kraft, die alles umfasst und der wir uns vertrauensvoll hingeben können. Das ist es, was wir an Höchstem zu geben haben: Wir können unseren freien Willen der Macht zur Verfügung zu stellen, aus der alles Leben entspringt und die wir nennen können, wie wir wollen. Dein Wille geschehe.

Neue Erde

Es zieht der Reisende weiter von Sommer zu Winter und von Winter zu Sommer. An seiner Seite ist eine Gestalt zu sehen, die ihn treu begleitet. Es ist die Verantwortung, die Stunde zu nutzen, die uns gegeben ist, und die uns sagt, wenn wir vom Weg abkommen. Ihr ursprünglicher Name ist Schuld. Sie bezieht sich nicht auf das Vergangene, sondern auf das Zukünftige. Skuld hieß eine der drei Nornen in der nordischen Mythologie: schicksalsbestimmende weibliche Wesen, die den Teppich des Lebens webten. Während Urd für das Vergangene stand und Verdani für die Gegenwart, stand Skuld für die Zukunft, das, was sein soll.

Zu diesen drei Schicksalsschwestern am Fuße des Weltenbaumes kamen die Menschen täglich, um sich miteinander zu beraten. Thingplätze hießen die Orte, an denen Götter und Menschen zusammenkamen. Die Erinnerung an diese Plätze haben wir heute den elitären Thinktanks entgegenzusetzen. Es sind Orte, an denen sich alle versammeln und jeder zu Wort kommt. Unsere Fähigkeit, auch unüberschaubare Gemeinschaften bilden zu können, hat sich als für uns unvorteilhaft erwiesen. In den großen, künstlichen und anonymen Staatengebilden haben wir den Überblick verloren. Wir können das Ausmaß der Entscheidungen nicht mehr unmittelbar erkennen. So geht es nun darum, uns in überschaubaren Zusammenschlüssen miteinander zu verbinden, in denen wir nicht nur alle paar Jahre unsere Stimme abgeben, sondern an allen Entscheidungen mitwirken, die unser Leben betreffen. Niemand hat das Recht, über uns zu entscheiden oder sich unseren Willen anzueignen. Die Würde des Menschen ist wirklich unantastbar. In diesem Verständnis lösen sich die Saugnäpfe der Kraken von uns ab, die sich von uns ernährt haben. Es bilden sich Gruppen, in denen keiner den anderen dominiert und alle einander kennen: Ich sehe dich.

Wir müssen, so die Mathematikerin Ingrid Raßelenberg, nicht darauf warten, dass das Licht am Ende des Tunnels erscheint. Wir sind das Licht im Tunnel! Wir erkennen, dass wir aus einem göttlichen Funken entstanden sind, der nie aufgehört hat, in uns zu leuchten.[71] Mag es chaotisch werden. Mögen, so der Philosoph Jean Gebser, gleichzeitig die zerstörerischen Auswirkungen der alten und die Qualitäten der neuen Struktur sichtbar werden: Zusammen ergeben sich daraus Bewegungen, die sprunghaft in die Mutation führen. Wie auf den Wasserklangbildern von Alexander Lauterwasser ist plötzlich das neue Bild da.[72] Machen wir uns bereit für das, was der große Shift genannt wird, und vertrauen wir darauf, dass die Ereignisse nicht gegen uns gerichtet sind.

Große Veränderungen stehen uns bevor. Das Magnetfeld der Erde ist dabei, sich umzupolen.[73] Der Planet verändert seine Schwingung. Auf der Oberfläche der Sonne toben heftige Ex-

71 Ingrid Raßelenberg: *Ich bin einfach göttlich: Ein zahlenphysikalischer Leitfaden zur heilsamen Selbsterkenntnis,* BoD 2020.

72 http://www.wasserklangbilder.de/

73 https://www.ds.mpg.de/76679/33

plosionen und Stürme. Nicht nur die Erde ist in Aufruhr. Auch auf kosmischer Ebene tut sich etwas. Im Verständnis eines Kosmos, in dem alles mit allem zusammenhängt und nichts getrennt voneinander existiert, schlagen wir gewissermaßen gerade ein neues Kapitel auf.

Nach dem Biophysiker Dieter Broers leben wir in einem Multiversum, in einer Vielzahl von Universen, die durch sogenannte Zeitlinien miteinander verbunden sind. Nach der Theorie des Timeline Splittings können sich unterschiedliche Wirklichkeitszeitlinien voneinander trennen. Es ist, so Broers, der jeweilige Stand unseres Bewusstseins, der darüber bestimmt, auf welcher Zeitlinie wir leben.[74] Hierfür müssen wir nicht in Raumschiffen unterwegs sein. Zeit ist ein mentales Konstrukt. Vergangenheit und Zukunft existieren nur in unseren Köpfen. Wir sind es, die die natürlichen Zyklen in Zeitraster eingeteilt haben. In der Natur gibt es nur einen einzigen Moment, der existiert: diesen hier.

Ewigkeit bedeutet, dass es nur das gibt, was jetzt ist. In diesem Augenblick existieren alle Realitäten aller Bewusstseinsstufen zusammen. So können wir uns in gewisser Weise aussuchen, auf welcher Ebene wir leben möchten: Wollen wir in einem virtuellen Metaversum leben, in dem wir, gelenkt von einer zentralistischen künstlichen Intelligenz zu einem gleichgeschalte-

---

74 Dieter Broers und Freunde: *Evolution 2021*, Dieter Broers Verlag 2021.

ten hybriden Einheitsmenschen werden? Oder wollen wir aus dem 3-D-Kino aussteigen und beginnen, mit der Leinwand zu interagieren? Auf welche Frequenz schwingen wir uns ein? Schauen wir uns weiter die Western und Horrorfilme an oder verbünden wir uns mit den verbleibenden Ureinwohnern des Planeten, die die Verbindung mit der Mutter bewahrt haben? Sie kennen noch die alten Rituale und respektieren die Rhythmen und Zyklen der Natur. Sie wissen um die Macht, die in der Hingabe ruht. Sie sind vertraut mit den Initiationsriten, die den Menschen von einer Entwicklungsstufe zur nächsten begleiten. Von ihnen können wir jetzt lernen, um zu einer planetarischen Gemeinschaft heranzureifen.

Wie werden wir wohnen? Wie werden unsere Häuser aussehen? Mit wem werden wir unter einem Dach leben? Wie werden die Aufgaben verteilt sein? Wie werden wir uns ernähren? Wie werden wir wirtschaften? Wie werden wir uns bei guter Gesundheit halten? Was werden unsere Kinder lernen? Wie werden unsere Beziehungen sein? Werden wir weiter in Zwangsgemeinschaften zusammenleben, mit Partnern, die sich nicht mehr lieben? Werden wir eifersüchtig darüber wachen, dass keiner sich anderweitig auslebt, als wären wir des anderen Besitz? Werden wir uns eine Treue schwören, die wir sowieso nicht halten könnten, wenn wir ehrlich zueinander wären? Werden wir uns in individuellen Wohnboxen einsperren lassen oder werden wir neue

Arten des Zusammenlebens erfinden, in denen alle sich entfalten können?

Geben wir unserer Fantasie Flügel und lassen uns durch nichts zurückhalten! Nur das ist unmöglich, was wir für unmöglich halten. Schöpfen wir aus dem Vollen! Speisen wir unser Höchstes und Schönstes in das gemeinsame Bewusstseinsfeld ein. Seien wir großzügig wie der Baum, der seine Blätter nicht zählt, ganz einfach, weil wir verstanden haben, wie glücklich es macht, geben zu können. Machen wir Purzelbäume. Werden wir Traumtänzer und bauen wir Luftschlösser. So kann das Wunder geschehen: Wir bekommen alles. Alles steht uns zur freien Verfügung. Nichts wird uns vorenthalten. Es gibt keine verbotene Frucht. Es gibt keinen Mangel. Es gibt nur Bäume, die großen Hüter dieser Erde.

Die andauernde Abholzung großer Waldgebiete ist eine Tragödie. Doch daneben gibt es Initiativen, die die Wälder wieder wachsen lassen. Der Inder Jadav Payeng pflanzte über Jahrzehnte hinweg täglich Bäume und machte mit der Zeit aus einer kargen Landschaft ein Waldreservat. Das indigene Volk der Auyu rettete in Indonesien 65.000 Hektar Wald.[75] Rajendra Singh, der »Waterman of India«, verwandelt Wüsten in fruchtbare Oasen. Es gibt sie, die guten Nachrichten.[76] Viele Men-

---

75 https://www.pressenza.com/de/2023/10/65-000-hektar-wald-in-indonesien-gerettet-ein-sieg-des-indigenen-volkes-der-auyu/

76 https://www.pressenza.com/de/

schen engagieren sich, ohne dass man von ihnen hört. Sie fragen nicht, was es bringen soll. Sie machen es einfach. Mag eine Initiative zunächst auch klein und unbedeutend erscheinen: Sie kann das auslösen, was der Verhaltensforscher und Meteorologe Edward Lorenz einen Schmetterlingseffekt nannte. Das Phänomen besagt, dass der Flügelschlag eines Schmetterlings im brasilianischen Urwald an einem anderen Teil der Erde einen Wirbelsturm auslösen kann. Die kleinste Veränderung kann ein ganzes System kippen. Lorenz fand ebenfalls heraus, dass das Wetter nicht, wie man bis dahin dachte, vorhergesehen werden kann, wenn man nur genug Daten erfasst. Minimale Veränderungen in den Anfangsdaten können zu einem völlig anderen Ergebnis führen. Hierfür verantwortlich ist das Phänomen der Bifurkation, eine Verzweigungsstelle, an der sich eine völlig andere Richtung ergeben kann. Alle dynamischen Systeme durchlaufen ständig eine Unzahl von Bifurkationen. Je komplexer sie sind, so die Pädagogin Marina Stachowiak, umso mehr Veränderungsmöglichkeiten gibt es.[77] Die komplexesten Systeme sind die sogenannten autopoietischen, zu denen alle Lebewesen gehören. Im biologischen und im geistigen Sinne können diese Systeme sich ständig selbst erneuern und selbst erschaffen und dabei ihre charakteristische Form beibehalten. Das Zusammen-

77 Marina Stachowiak: *Temporik-art. Die schöpferische Bewusstseinsgestaltung vor dem Hintergrund der integralen Theorie Jean Gebsers,* temporik-art-Verlag Rheinheim 2017.

wirken der einzelnen Teile wird so koordiniert, dass alle Beteiligten gemeinsam in einen Zustand kommen, der für alle optimal ist.[78]

Es wird einmal

Es gibt keine Gewissheit, keine Sicherheit, keine Garantie. Wir wissen nicht, welche Tat zu welchem Ergebnis führen wird. Niemand kann sagen, wann die kritische Masse erreicht sein wird und das System kippt. Doch lassen wir uns nicht aus der Ruhe bringen. Bleiben wir entspannt. Nicht Stress und Angst führen zur Heilung, sondern Vertrauen und Zuversicht. Nicht die Trauer zeigt die Richtung an, sondern die Freude. Die tiefe Freude, die aus dem Herzen kommt, weist den Weg. Sie ist nicht deplatziert in einer Zeit, in der so viele Lebewesen leiden. Nicht Mitleid kann uns jetzt weiterhelfen, sondern Mitfreude. Bringen wir unsere besten Samen in die Erde. Pflanzen wir Freude, Schönheit, Dankbarkeit, Wohlwollen, Verständnis, Zärtlichkeit, Güte, Verzeihen, Hingabe, Vertrauen, Wonne, Glücksseligkeit. Infizieren wir uns gegenseitig! Stecken wir uns an! Schicken wir Glücksviren in die Welt hinaus! Wir haben gesehen, was

78 https://lexikon.stangl.eu/2312/autopoiese

ein Angstvirus anrichten kann. Nun können wir erfahren, was Freudeviren auslösen.

Viele sind schon infiziert. Überall auf der Welt haben Menschen Oasen gebildet, Inseln im wogenden Ozean. Es sind Menschen, die nicht egozentriert darauf warten, dass andere die Dinge für sie in die Hand nehmen und ihnen den Weg freiräumen. Sie gehen ihren ganz eigenen Weg und schöpfen selbstbewusst aus der ursprünglichen Quelle. Sie wissen, dass sie nicht Damen und Herren sind, sondern selbstbestimmte Männer und Frauen, echte Kerle und echte Weiber: Menschen freien Ursprungs, die wissen, was in ihnen steckt. Diese Menschen sind nicht im Kleinlichen stecken geblieben, in Frust, Verbitterung und Hoffnungslosigkeit. Ihnen geht es ums Ganze. Sie verstecken sich nicht hinter Konventionen. Sie wollen nicht in einer Normalität leben, in der allein ihre Untertänigkeit ihnen noch ein paar flüchtige Privilegien gewährt. Sie geben sich nicht der Gleichgültigkeit hin, der kleinen Schwester der Grausamkeit. Ihnen liegen nicht nur die eigenen Nachkommen am Herzen, sondern das Schicksal der gesamten Menschheit.

Sie sind sich darüber bewusst, dass Transhumanismus nichts mit Humanität oder Humanismus zu tun hat, sondern mit der technologischen Boosterung derjenigen, deren Leben als lebenswert eingestuft wird, während alle anderen verschwinden sollen. Sie vertrauen ihr Leben und das ihrer Kinder nicht der synthetischen Biologie und der Neurotechnologie an, die lebendige Organismen zu Produkten machen. Sie lassen ihre Körper nicht in Technologieplattformen verwandeln und ihre Gehirnaktivitäten über Neurofeedback in Echtzeit überwachen. Sie lassen sich ihre Seele nicht nehmen, ihre Gefühle, ihre Spontaneität und ihre Freude am Leben.[79] Es sind Menschen, die sich nicht verschlingen lassen, denn sie haben es gelernt, unabhängig vom Verhalten anderer zu denken und zu handeln. Sie fügen sich nicht in Dinge, nur weil man das so macht. In ihrem Leben haben sie erfahren, wie es sich anfühlt, außen zu stehen und sich fehl am Platz zu fühlen, fremd in der eigenen Welt. Sie haben es angenommen und verarbeitet und sich aus einem Leben gelöst, das ihnen nicht mehr entspricht. Sie haben sich darauf eingelassen, allein zu sein. Denn sie wissen: Im Grunde sind sie es nicht.

Die heutigen Pioniere sind wie die Imagozellen des Schmetterlings, die in der Raupe bereits angelegt sind. Sie leben das Neue, bevor es für alle sichtbar wird. Viele Initiativen haben diese Menschen in den vergangenen Jahren ins Leben gerufen. Sie haben sich nicht umblasen lassen von dem scharfen Wind, der ihnen entgegenwehte, sondern den Masten ihres Lebensschiffes aufgerichtet, die Segel in den Wind gesetzt und darauf vertraut, dass die Elemente mit ihnen sind. Neue Kanäle haben sie ins Leben gerufen, Internetplattformen, Kongresse, Foren,

79 https://multipolar-magazin.de/artikel/die-abschaffung-der-seele

über die die Menschen sich im Sinne eines respektvollen Zusammenlebens und lebendiger Visionen miteinander verbinden. Diese Menschen engagieren sich für echten Naturschutz, unabhängigen Journalismus, ganzheitliche Gesundheit, lebendige Wirtschafts- und Produktionskreisläufe, ein gerechtes Geldsystem und eine Demokratie, die diesen Namen wirklich verdient. Überall auf dem Planeten werden sie aktiv. Überall entstehen Gemeinschaften, die das Lebendige achten und die Fürsorge in den Mittelpunkt stellen.[80] Die Initiative *Living Earth* etwa setzt sich für eine gesunde und friedliche Erde ein.[81] Das Projekt *Global Ecovillage Network* verbindet und unterstützt Ökodörfer, die sich auf dem ganzen Planeten bilden.[82] Der Verein *Gesellschaft in Balance*[83] strebt einen gemeinsamen Ausstieg von Frauen und Männern aus dem Patriarchat an. Die Initiative *Wissen schafft Freiheit* macht sich stark für die Dezentralisierung von Bildungsmacht, freies Denken, freies Entscheiden und freies Handeln[84], und der *Würdekompass* ist eine Initiative zur Stärkung des Empfindens, der Vorstellung und des Bewusstseins der eigenen Würde im täglichen Zusammenleben.[85]

---

80 https://outthere.eu/2020/04/24/gemeinschaften-und-oekodoerfer-finden/
81 https://livingearth.one/startseite
82 https://ecovillage.org
83 https://www.gesellschaft-in-balance.de/der-verein/grundlagen/
84 https://www.wissenschafftfreiheit.com/
85 https://www.wuerdekompass.org

So haben viele der alten Institutionen ausgedient. Der Apfel ist faul und muss vergehen. Der alte Körper löst sich auf und wird zu einem Humus, der neues Leben nährt. Die Erinnerung an die alte Welt wird als fernes Echo zurückbleiben, das uns wie ein Mahnmal aus weiter Ferne daran erinnert, wie sehr wir uns einmal geirrt haben und wie knapp wir einer Welt ohne Verbindungen, ohne Herzenswärme und ohne Liebe entkommen sind. Nun steht es an, eine neue Geschichte zu schreiben. Nicht Militärexperten werden sie verfassen, sondern Menschen, die sich der unbegrenzten Schöpferkraft bewusst sind, die in ihnen steckt.

EINE LANGE GESCHICHTE DER MENSCHHEIT

Sie haben es kommen sehen. Dunkel waren die Wolken am Horizont aufgezogen. Sie haben bemerkt, wie die natürliche Vielfalt und die Fruchtbarkeit immer mehr zurückgegangen sind und ein großer Teil der europäischen Flora und Fauna heute vom Aussterben bedroht ist. Sie haben den Rückgang der Natur- und der Erdverbundenheit bemerkt, die Entwurzelung der Menschen, die unaufhaltsame Vereinzelung. Sie sahen die Frühsexualisierung der Kinder in den Schulen, die Abschaffung der Geschlechter und die fortschreitende Zerstörung der Familien. Sie haben gesehen, wie der Staat die Erziehung der jungen Generationen übernommen hat, wie nach und nach die alten Feste und Rituale abgeschafft wurden und die Spiritualität abflachte. Sie sahen die zunehmende Verarmung, die fortschreitende Abschaffung des Eigentums und des Bargelds, die Zunahme der Arbeitslosigkeit und die Abhängigkeit vom Bürgergeld. Sie sahen die Genmanipulation, die Abschaffung der Familienbetriebe in Handwerk und Landwirtschaft, die selbstfahrenden Autos, die Wettermanipulation und die Bestrebungen, auf andere Planeten umzusiedeln. Das alles haben sie gesehen. Sie hatten es vor Augen. Und sie haben gehandelt.

Es ist vorbei. Niemand erinnert sich, wie es letztlich wirklich zugegangen ist. Auf einmal war sie da, die neue Realität, so selbstverständlich, als wäre sie schon immer da gewesen. Auf den ersten Blick bietet sich das gewohnte Bild. Doch bei genauerem Hinsehen ist es, als hätte jemand die Fenster geputzt. In den Bäumen singen Vögel und summen Insekten. Die Luft ist von freudiger Erregtheit erfüllt. Alle sind auf den Beinen. Die Menschen stehen in kleinen, sich immer wieder neu formenden Gruppen zusammen, begrüßen einander, geben sich die Hand oder halten sich in den Armen. Es ist vorbei! Die Zeit der Kriege, der Verdrehungen und der Lügen liegt hinter ihnen!

Eine Woge der Erleichterung hat die Menschen erfasst und ein Glücksgefühl ausgelöst, das nicht in Worte zu fassen ist. Es ist wirklich vorbei! Aller Groll hat sich aufgelöst, alle Feindschaft, alle Angst. Kein Herz ist mehr verschlossen. Voller ehrlichem Interesse schauen sich die Menschen in die Augen: Schön, dass du da bist! Kinderlachen erfüllt die Luft. In der Ferne macht jemand Musik. Es ist ein Festtag. Jeder ist gekommen mit dem, was er hat. Auf improvisierten Tafeln stehen Speisen und Getränke bereit. Die Älteren sitzen und schauen zu, wie die

Jüngeren von einem zum anderen gehen und die Kinder Fangen spielen.

In der Mitte des Platzes ist der große Kreis errichtet, in dem später alle zusammenkommen werden, um sich auszusprechen und zu beraten. Jeder wird eine Stimme haben, auch die Jüngsten. Jeder wird die Möglichkeit bekommen, sich zu äußern, und jedem wird zugehört werden. Von einem zum anderen wird der Redestab wandern, und jeder wird die vereinbarte Redezeit respektieren. Jeden Tag werden sie hier zusammenkommen, so lange, bis das Wesentliche geklärt ist: Was brauchen wir zum Leben? Wer übernimmt welche Aufgaben? In welchen Strukturen werden wir zusammenleben? Wie gehen wir mit Konflikten um? Immer dann werden sie sich treffen, wenn Bedarf besteht. So werden die Knoten in den Beziehungsbändern sich nicht festziehen können. Die Fäden des Teppichs, an dem alle gemeinsam weben, werden nicht durcheinandergeraten. Wie kostbares, seidiges Haar werden sie gekämmt und bereiten einen Boden, auf dem alle Platz haben. Für alle ist gesorgt. Jeder dient gleichermaßen der Gemeinschaft und sich selbst.

Die Musik wird lauter, und bald wird zum Tanz aufgespielt. Zu den harmonischen Melodien und Rhythmen werden sich die Paare finden – für eine Nacht, für ein paar Jahre oder für ein ganzes Leben. Ihre Liebe wird sich in Freiheit entwickeln können, denn keiner trägt die materielle Last für den anderen. Die

Gemeinschaft ist für die für die Versorgung aller zuständig und jeder für seine eigenen Gefühle.

Es sind die Frauen, die die Männer einladen, und die entscheiden, wem sie sich öffnen möchten. Frau und Mann werden einander nicht gehören. Beide lernen, dass Eifersucht nicht zur Liebe gehört. Die Kinder werden lernen, was sie im Leben brauchen: Wie erkenne ich essbare Früchte und Kräuter? Wie stelle ich Kleidung her, Möbel, eine Unterkunft? Was macht Freude? Alles, was die Jüngsten lernen, hat einen Bezug zu ihrem Alltag. Alles ist konkret und nichts abstrakt. Mit der ihnen angeborenen Neugierde und Begeisterung lernen die Kinder, wie sie ihre Bedürfnisse und Wünsche ausdrücken, wie sie die Energie ihrer Gedanken steuern, die Sprache der Tiere verstehen, in den Sternen lesen. Sie strotzen vor Gesundheit, denn sie bewegen sich den ganzen Tag an der frischen Luft. Sie lernen es, die Sprache ihres Körpers zu verstehen, und sorgen dafür, dass alles im Gleichgewicht bleibt und im Fluss.

Diese Kinder kennen keine Angst und keinen Mangel, denn sie spüren, dass sie unbegrenzt und bedingungslos geliebt werden. Wenn die Zeit gekommen ist, werden sie auf Reisen gehen. Niemand wird sie zurückhalten, und alle werden sie bei ihrer Rückkehr wieder willkommen heißen. Sie werden ausziehen wie der Zugvogel, der weiß, wo sein Nest ist. Ihr Weg wird vielleicht kein einfacher sein. Sie werden an Grenzen stoßen, an Hindernisse, die ihnen ihr eigenes Unterbewusstsein in den Weg gelegt hat, um an ihnen zu wachsen. Mit jedem Schritt werden sie in ein neues Gleichgewicht finden. Immer wieder werden sie neu abwägen: Ist es richtig so? Fühlt es sich gut an? Dient es dem Wohle des Ganzen?

Welche Erfahrungen sie auch machen werden: Niemals wieder verlieren sie die Achtung voreinander, vor allem aber vor sich selbst. So stirbt die Blüte stets aufs Neue in die Frucht hinein und wird am Ende des Kreislaufs neu geboren. Neue Dimensionen gilt es zu erforschen, so fein schwingend, dass niemand sie sich vorstellen kann. Wir werden uns berühren lassen und unsere Empfindungen kosten wie einen wertvollen Tropfen. Wie Perlen werden wir unsere Erfahrungen sammeln und immer wieder nach Hause tragen, in der Gewissheit, dass uns nichts Schlimmes widerfahren kann. Denn tief in uns leuchtet das Wissen: Wir sind verbunden mit der Quelle allen Lebens, um uns für alle Zeiten daran zu laben.

AUSKLANG

Liebe Leserin und lieber Leser,

während ich schrieb, wurde die Welt immer chaotischer. Corona, Klima, der Krieg in der Ukraine, der Krieg zwischen Israel und Palästina – immer neue Kriege und Katastrophen bestimmen die Schlagzeilen. Immer wieder stellt sich auch mir die Frage, woher die Zuversicht nehmen, wenn alles zusammenbricht. *»Das Elend ist wirklich groß, und dennoch laufe ich oft am Abend, wenn der Tag hinter mir in der Tiefe versunken ist, mit federnden Schritten am Stacheldraht entlang, und dann quillt es mir immer wieder aus dem Herzen herauf – ich kann nichts dafür, es ist nun einmal so, es ist von elementarer Gewalt: Das Leben ist etwas Herrliches und Großes …«* Diese Zeilen schrieb die niederländisch-jüdische Philosophin Etty Hillesum in ihr Tagebuch, kurz bevor sie in Auschwitz ermordet wurde.[86]

86 Etty Hillesum: *Das denkende Herz: Die Tagebücher von Etty Hillesum 1941–1943*, Rowohlt Taschenbuch 1985.

Wenn es ihr gelungen ist, in einer der schlimmsten Situationen, die ein Mensch erleiden kann, die Lebensfreude zu bewahren, dann möchte ich dieser Frau und mit ihr allen Menschen, die bis in die Hölle hinein das himmlische Licht gehalten haben, Ehre erweisen.

Nicht die Hoffnung ist es, die uns hierbei helfen kann. Lassen wir weiter Pandora über sie wachen. Die Hoffnung hält uns in der Ohnmacht gefangen. Immer noch wartet sie darauf, dass die Rettung von außen kommt. Was uns jetzt leitet, ist die Zuversicht des Narren, der sich nicht daran stört, was um ihn herum passiert. Pfeifend geht er seiner Wege. Wer singt und pfeift, der hat keine Angst. In dem Moment, in dem wir die Luft durch uns hindurch strömen lassen und uns öffnen für die Musik, entspannen wir uns. Singen wir wie das Kind, das in den dunklen Keller hinabsteigt. Singen wir wie die Menschen in den Chören, die sich in den Konzentrationslagern gebildet hatten. Singen wir. Singen wir alle zusammen. Singen wir *The Prayer of the Mothers*[87] wie die palästinensischen und israelischen Frauen auf ihrem Friedensmarsch im Jahr 2014. Lassen wir all die Friedensbemühungen nicht umsonst gewesen sein. Erheben wir uns inmitten des Chaos. Erlauben wir es niemandem, uns zu entmutigen und unser Herz zu verschließen. Bleiben wir auf dem Königsweg.

---

87 https://www.youtube.com/watch?v=YyFM-pWdqrY

Was für ein Weg! So vieles verlangt er uns ab! Danke, dass Sie ihn mit mir gehen! Danke, dass Sie den Mut hatten, sich berühren zu lassen, und manchmal vielleicht auch durcheinanderbringen. Danke, dass Sie sich nicht damit beruhigt haben, dass es so schlimm ja nicht ist. Danke, dass Sie nicht glauben, totalitäre Systeme gäbe es nur woanders. Danke, dass Sie die würdigen, die auch in Deutschland schlimme Repressalien erleben. Danke, dass Sie sich auch in den unabhängigen Medien informieren. Danke, dass Sie die Gefahr erkannt haben. Nur so können wir sie überwinden. Vor allem aber danke ich Ihnen, dass Sie nicht gegen die Umstände ankämpfen, sondern bei sich selbst ansetzen, die Veränderung in die Welt hinauszutragen. So sind Sie wirklich und wahrhaftig zur Königin, zum König im eigenen Reich geworden.

Frankreich im November 2023

Die Welt ist schön

Die Welt ist schön, die Welt ist gut, gesehn als Ganzes
Der Schöpfung Frühlingspracht, das Heer des Sternentanzes.

Die Welt ist schön, ist gut, gesehn im einzelst Kleinen
Ein jedes Tröpfchen Tau kann Gottes Spiegel scheinen.

Nur wo du Einzelnes auf Einzelnes beziehst
Oh, wie vor lauter Streit du nicht den Frieden siehst.

Der Frieden ist im Kreis, im Mittelpunkt ist er.
Drum ist er überall, doch ihn zu sehn ist schwer.

Es ist die Eintracht, die sich aus der Zwietracht baut,
Wo mancher, vom Gerüst verwirrt, den Plan nicht schaut.

Drum denke, was dich stört, daß dich ein Schein betört
Und was du nicht begreifst, gewiß zum Plan gehört.

Such erst in dir den Streit zum Frieden auszugleichen
Versöhnend dann soweit du kannst umherzureichen.

Und wo die Kraft nicht reicht, da halte dich ans Ganze;
Im ewgen Liebesbund steht mit dir Stern und Pflanze.

FRIEDRICH RÜCKERT

LITERATUR

André, Christophe: *Wer sich verändert, verändert die Welt: Für ein achtsames Zusammenleben,* Kösel-Verlag 2018.

Arvay, Clemens: *Die Naturgeschichte des Immunsystems,* Quadriga 2022.

Barucker, Bastian: *Auf Spurensuche nach Natürlichkeit: Vom Leben in der Wildnis und der Reise zu sich selbst,* Massel Verlag 2022.

Bertell, Rosalie: *Kriegswaffe Planet Erde,* Fischer 2020.

Bhakdi, Sucharit; Reiss, Karina: *Corona Fehlalarm? Zahlen, Daten und Hintergründe. Zwischen Panikmache und Wissenschaft: Welche Maßnahmen sind im Kampf gegen Virus und COVID-19 sinnvoll? ORIGINAL: Zahlen, Daten und Hintergründe,* Goldegg 2020.

Bhakdi, Sucharit; Reiss, Karina: *Schreckgespenst Infektionen – erweiterte Ausgabe mit Corona: Mythen, Wahn und Wirklichkeit,* Goldegg 2021.

Bahner, Beate: *Corona-Impfung: Was Ärzte und Patienten unbedingt wissen sollten,* Rubikon-Verlag 2021.

Bobert, Sabine: *Raus aus der Manipulationsfalle! Wie du deinen Alltag von Manipulationstechniken entrümpelst,* Independently published 2020.

Böttcher, Sven: *Wer, wenn nicht Bill? Anleitung für ein Endspiel um die Zukunft,* Rubikon-Verlag 2021.

Böttcher, Sven: *Rette sich, wer kann: Das Krankensystem meiden und gesund bleiben,* Westend 2019.

Broers, Dieter: *Gedanken erschaffen Realität. Die Gesetze des Bewusstseins,* Scorpio Verlag 2022.

Chavent, Kerstin: *Das Licht fließt dahin, wo es dunkel ist. Zuversicht für eine neue Zeit,* Europa 2017.

Chavent, Kerstin: *Die Waffen niederlegen. Die Botschaft der Krebszellen verstehen,* Scorpio 2019.

Chavent, Kerstin: *In guter Gesellschaft. Wie Mikroben unser Überleben sichern,* Scorpio 2020.

Chavent, Kerstin: *Die Enthüllung. Neue Normalität oder neues Bewusstsein?* Futurum 2021.

Dahlke, Rüdiger: *Krankheit als Sprache der Seele. Be-Deutung und Chance der Krankheitsbilder,* Goldmann 1997.

Dahlke, Rüdiger: *Corona als Weckruf: Warum wir doch noch zu retten sind,* Gräfe und Unzer 2021.

Desmet, Mattias: *Die Psychologie des Totalitarismus,* Europa Verlag 2023.

Driediger, Elvira et al.: *Die Zukunft beginnt heute. Impulse für einen gesellschaftlichen Wandel,* Driediger Verlag 2022.

Drewermann, Eugen: *Das Wichtigste im Leben. Worte mit Herz und Verstand,* Patmos Verlag 2015.

Dürr, Hans-Peter: *Es gibt keine Materie! Revolutionäre Gedanken über Physik und Mystik,* Crotona 2012.

Dürr, Hans-Peter: *Wir erleben mehr, als wir begreifen. Quantenphysik und Lebensfragen,* Herder 2015.

Dürr, Hans-Peter: *Geist, Kosmos und Physik: Gedanken über die Einheit des Lebens,* Crotona 2010.

Eybl, Björn: *Die seelischen Ursachen der Krankheiten,* Ibera Verlag 2018.

Fallada, Hans: *Jeder stirbt für sich allein,* Aufbau Verlag 2011.

Fischer Rodrian, Jens: *Die Armada der Irren: Künstlerischer Widerstand in pandemischer Zeit,* Rubikon Verlag 2022.

Ganser, Daniele: *Imperium USA: Die skrupellose Weltmacht,* Fifty-Fifty 2022.

Ganser, Daniele: *Illegale Kriege: Wie die NATO-Länder die UNO sabotieren. Eine Chronik von Kuba bis Syrien,* Fifty-Fifty 2022.

Garve, Raik: *Krebs – Chance oder Finale: Ursache des Ausbruchs,* BoD 2020.

Göttner-Abendroth, Heide: *Am Anfang die Mütter – matriarchale Gesellschaft und Politik als Alternative: Ausgewählte Beiträge zur modernen Matriarchatsforschung,* Kohlhammer 2011.

Göttner-Abendroth, Heide: Die Göttin und ihr Heros: *Die matriarchalen Religionen in Mythen, Märchen, Dichtung,* Kohlhammer 2011.

Guérot, Ulrike: *Wer schweigt, stimmt zu: Über den Zustand unserer Zeit. Und darüber, wie wir leben wollen,* Westend 2022.

Hansmann, Christiane: *Ohne Worte. Auf dem Weg in deine Authentizität,* Cuviller Verlag 2020.

Harari, Yuval Noah: *Eine kurze Geschichte der Menschheit*, Pantheon Verlag 2015.

Henry, Michel: *Die Barbarei. Eine phänomenologische Kulturkritik*, Verlag Karl Alber 2016.

Hillesum, Etty: *Das denkende Herz: Die Tagebücher von Etty Hillesum 1941–1943*, Rowohlt Taschenbuch 1985.

Hirneise, Lothar: *Chemotherapie heilt Krebs und die Erde ist eine Scheibe: Enzyklopädie der unkonventionellen Krebstherapien*, Sensai 2010.

Hüther, Gerald: *Was wir sind und was wir sein könnten. Ein neurobiologischer Mutmacher*, Fischer Taschenbuch 2013.

Hüther, Gerald: *Männer – das schwache Geschlecht und sein Gehirn*, Vandenhoeck und Ruprecht 2016.

Icke, David: *Wahrnehmungen eines abtrünnigen Denkers*, Amra Verlag 2022.

Jost, Annemarie: *Die Rettung unserer psychischen Gesundheit. Wie wir jetzt die Kurve kriegen*, Frank und Timme 2022.

Kaiser, Gunnar: *Die Ethik des Impfens: Über die Wiedergewinnung der Mündigkeit*, Europa Verlag 2022.

Kaiser, Gunnar: *Der Kult. Über die Viralität des Bösen*, Rubikon Verlag 2022.

Kirchhoff, Jochen: *Räume, Dimensionen, Weltmodelle: Impulse für eine andere Naturwissenschaft*, Drachen Verlag 2006.

Kirchhoff, Jochen: *Kosmos*, Ovalmedia 2022.

Kleeberg, Alexandra: *Das Buch der Selbstheilung. Mit Imagination die inneren Potenziale stärken und entfalten. Heilsame Rituale für die Reise nach innen*, ViaNova 2013.

Klitzke, Axel: *Pyramiden: Wissensträger aus Stein: Das Geheimnis der Pyramiden Ägyptens und Mittelamerikas,* Govinda 2006.

Klöckner, Markus: *Zombie-Journalismus: Was kommt nach dem Tod der Meinungsfreiheit?* Rubikon Verlag 2021.

Klöckner, Markus; Wernicke, Jens: *Möge die gesamte Republik mit dem Finger auf sie zeigen. Das Corona-Unrecht und seine Täter,* Rubikon-Verlag 2022.

Lanka, Stefan: *Die Zeitzeugen,* Praxis Neue Medizin Verlag 2021.

Lanka, Stefan; Stoll, Ursula: *Corona: Weiter ins Chaos oder Chance für alle?* Praxis Neue Medizin 2020.

Lipton, Bruce: *Intelligente Zellen – Wie Erfahrungen unsere Gene steuern,* Koha-Verlag 2016.

Maaz, Hans-Joachim: *Der Gefühlsstau. Psychogramm einer Gesellschaft,* C. H. Beck 2019.

Maaz, Hand-Joachim: *Die Liebesfalle. Spielregeln für eine neue Beziehungskultur,* DTV 2010.

Maaz, Hand Joachim: *Angstgesellschaft,* Franck und Timme 2022.

Matuschek, Milosz: *Generation Chillstand: Aufruf zum Aufbruch in ein selbstbestimmtes Leben,* Dtv 2018.

Mallasz, Gitta: *Die Antwort der Engel,* Daimon 2018.

Matuschek, Milosz: *Wenn's keiner sagt, sag ich's,* Fifty-Fifty 2022.

Mausfeld, Rainer: *Warum schweigen die Lämmer? Wie Elitendemokratie und Neoliberalismus unsere Gesellschaft und unsere Lebensgrundlagen zerstören,* Westend 2019.

Mies, Ulrich: *Schöne neue Welt 2030: Vom Fall der Demokratie und dem Aufstieg einer autoritären Ordnung,* Promedia 2021.

Müller, Albrecht: *Glaube wenig, hinterfrage alle, denke selbst: Wie man Manipulation durchschaut,* Westend 2019.

Muhm, Miryam: *Die Krake von Davos. Angriff des WEF auf die Demokratie,* Europa Verlag 2023.

Nath Han, Thich: *Versöhnung mit dem inneren Kind: Von der heilenden Kraft der Achtsamkeit,* O. W. Barth 2011.

Osrainik, Flo: *Das Corona-Dossier: Unter falscher Flagge gegen Freiheit, Menschenrechte und Demokratie,* Rubikon-Verlag 2021.

Pinkola Estés, Clarissa: *Die Wolfsfrau. Die Kraft der weiblichen Urinstinkte,* Heyne 1997.

Ploppa, Herrmann: *Hitlers amerikanische Lehrer: Die Eliten der USA als Geburtshelfer des Nationalsozialismus,* Ploppa 2016.

Ploppa, Herrmann: *Der Griff nach Eurasien. Die Hintergründe des ewigen Krieges gegen Russland,* Ploppa 2019.

Poetter, Carsten: *LebensNetze: Motive und Wirkungen menschlichen Handelns,* BoD 2021.

Rabhi, Pierre: *Manifest für Mensch und Erde: Für einen Aufstand der Gewissen,* Matthes und Seitz Berlin 2018.

Risi, Armin: *Unsichtbare Welten: Der Kosmos ist multidimensional,* Govinda 2022.

Risi, Armin: *Gott und die Götter: Die prophezeite Wiederkehr des vedischen Wissens,* Govinda 2020.

Risi, Armin: *Ihr seid Lichtwesen: Ursprung und Geschichte des Menschen,* Govinda 2013.

Risi, Armin: *Der radikale Mittelweg: Überwinden von Atheismus und Monotheismus – Das Buch zum aktuellen Paradigmenwechsel,* Kopp-Verlag 2009.

Ruppert, Franz: *Ich will leben, lieben und geliebt werden: Ein Plädoyer für wahre Lebensfreude und menschliche Verbundenheit in Freiheit,* Tredition 2021.

Ruppert, Franz: *Wer bin ich in einer traumatisierten Gesellschaft? Wie Täter-Opfer-Dynamiken unser Leben bestimmen und wie wir uns daraus befreien,* Klett-Cotta 2018.

Ruppert, Franz: *Trauma, Angst und Liebe: Unterwegs zu gesunder Eigenständigkeit. Wie Aufstellungen dabei helfen,* Kösel-Verlag 2012.

Ruppert, Franz: *Selbstbegegnungen und Anliegenmethode: Die Praxis der Identitätsorientierten Psychotraumatheorie,* Tredition 2022.

Schäfer, Silke: *Der kosmische Moment: Mit der Astrologie der neuen Zeit in die Energie jedes Augenblicks eintauchen,* Unum 2022.

Schöning, Heiko: *Game over. Covid-19, Anthrax-01,* Blue Tiger Media 2021.

Stern, Bertrand: *Saat der Freiheit – Impulse für aufblühende Bildungslandschaften,* Drachen Verlag 2016.

Shiva, Vandana: *Wer ernährt die Welt wirklich? Das Versagen der Agrarindustrie und die notwendige Wende zur Agrarökologie,* Neue Erde 2021.

Shiva, Vandana: *Eine Erde für alle. Einssein versus das 1 %: Aufstehen gegen die Monokultur von Wirtschaft und Weltsicht,* Neue Erde 2021.

Schucman, Helen: *Ein Kurs in Wundern. Textbuch, Übungsbuch, Handbuch für Lehrer,* Greuthof 1994.

Schwab, Klaus: *Die vierte industrielle Revolution,* Pantheon Verlag 2016.

Schwab, Klaus: *Covid-19: Der große Umbruch,* Forum Publishing 2020.

Schwab, Klaus: *Das große Narrativ: Für eine bessere Zukunft,* Forum Publishing 2022.

Tolle, Eckhard: *Jetzt! Die Kraft der Gegenwart,* Kamphausen Media 2010.

Unger, Raymond: *Vom Verlust der Freiheit: Klimakrise, Migrationskrise, Coronakrise,* Europa 2021.

Unger, Raymond: *Die Wiedergutmacher. Das Nachkriegstrauma und die Flüchtlingsdebatte,* Europa 2018.

Unger, Raymond: *Das Impfbuch: Über Risiken und Nebenwirkungen einer Covid-19-Impfung,* Scorpio 2021.

Van Rossum, Walter et al.: *Die Intensiv-Mafia: Von den Hirten der Pandemie und ihren Profiten,* Rubikon Verlag 2021.

Von Dreien, Christina: *Der Ungehorsam der Liebe: Was wir Positives aus der gegenwärtigen Weltsituation lernen können,* Govinda 2022.

Von Dreien, Christina: *Am Ende ist alles gut. Wie wir uns die heile Welt selbst erschaffen,* Govinda 2020.

Von Werlhof, Claudia: Die Verkehrung: *Das Projekt des Patriarchats und das Gender-Dilemma,* Promedia 2011.

Wichmann, Heidi: *Was Algen, ein gesundes Hirn und Wale miteinander zu tun haben,* Symbiolife UG 2017.

Williamson, Marianne: *Rückkehr zur Liebe: Harmonie, Lebenssinn und Glück durch »Ein Kurs in Wundern«,* Goldmann Verlag 2016.

Wittneben, Götz: *Wenn wir wüssten... Einladung zum liebevollen Umgang mit uns selbst,* BoD 2011.

Wodarg, Wolfgang: *Falsche Pandemien. Argumente gegen die Herrschaft der Angst,* Rubikon-Verlag 2021.

Wohlleben, Peter: *Das geheime Netzwerk der Natur. Wie Bäume Wolken machen und Regenwürmer Wildschweine steuern,* Ludwig Verlag 2017.

Wolf, Doris: *Es reicht – 5000 Jahre Patriarchat sind genug,* Dewe Verlag 2019.

Wolf, Doris: *Das wunderbare Vermächtnis der Steinzeit. Und was daraus geworden ist,* BoD 2017.

Wolff, Ernst: *Wolff of Wallstreet: Ernst Wolf erklärt das globale Finanzsystem,* Promedia 2020.

Wolff, Ernst: *World Economic Forum: Die Weltmacht im Hintergrund,* Klarsicht Verlag 2022.

Zingsem, Vera: *Die Weisheit der Schöpfungsmythen: Wie uralte Geschichten unser Denken prägen,* Kreuz Verlag 2009.

Zingsem, Vera: *Lilith: Adams erste Frau,* Reclam 2009.

© Claude Chavent

KERSTIN CHAVENT, Jahrgang 1964, ist Autorin, Übersetzerin und Sprachlehrerin. Sie studierte in Hamburg Romanistik und Pädagogik und lebt seit 1999 in Südfrankreich. Sie engagiert sich für Menschen, die sich durch Krankheit oder andere radikale Lebenseinschnitte im Umbruch befinden.

Ebenfalls von ihr erschienen sind *Die Waffen niederlegen: Die Botschaft der Krebszellen verstehen,* Scorpio Verlag 2019, *In guter Gesellschaft,* Scorpio Verlag 2020 und *Das Licht fließt dahin, wo es dunkel ist. Zuversicht für eine neue Zeit,* Europa Verlag 2017.